BANGONG SHEBEI
SHIYONG YU WEIHU

办公设备
使用与维护

（第二版）

■ 总主编 张小毅
■ 主 编 钟 勤
■ 编 者 杨 怡 钟 勤
　　　　鲍 鹏

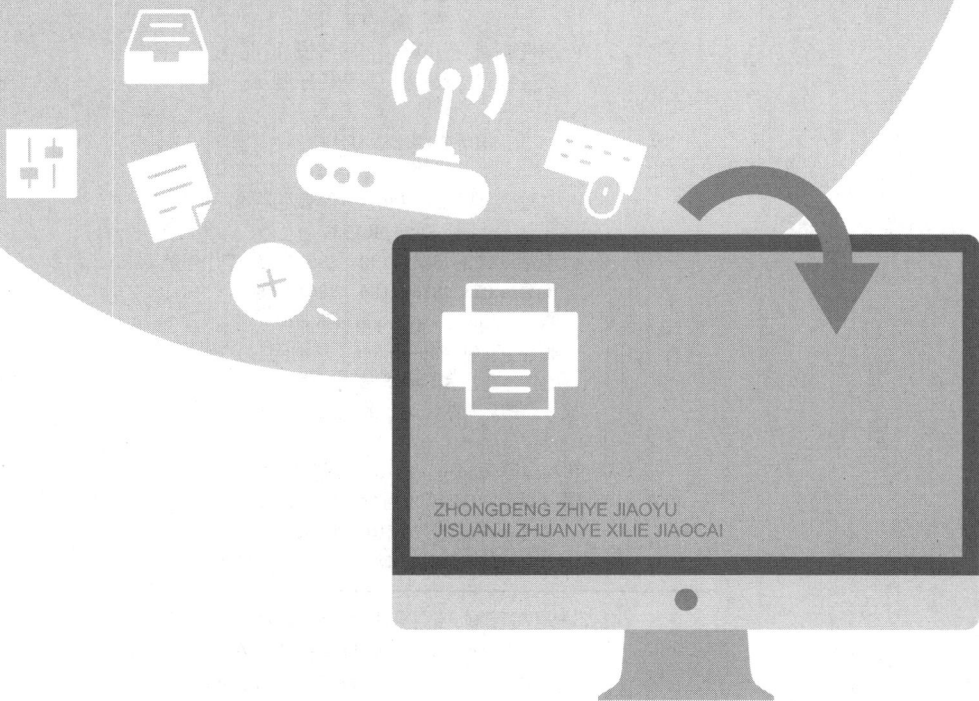

ZHONGDENG ZHIYE JIAOYU
JISUANJI ZHUANYE XILIE JIAOCAI

重庆大学出版社

内容提要

本书针对目前较流行的主流办公设备产品讲述其性能、产品结构、基本工作原理以及产品的选用、安装、使用及维护,内容包括打印机、扫描仪、移动存储器、静电复印机、光盘刻录机、数码相机、投影机、碎纸机、装订机等的使用与维护。本书以实际操作为主,在编写过程中,尽量做到简洁明了,通俗易懂,步骤清晰,便于边学习边操作。

本书可作为中等职业学校计算机及相关专业教材,也可供培训班和办公室人员使用。由于办公设备涉及面较广,学校可根据不同的需求取舍,以便因求施教,因需所学。

图书在版编目(CIP)数据

办公设备使用与维护/钟勤主编.—2版.—重庆:
重庆大学出版社,2015.8(2022.1 重印)
中等职业教育计算机专业系列教材
ISBN 978-7-5624-9182-8

Ⅰ.①办…　Ⅱ.①钟…　Ⅲ.①办公设备—使用方法—
中等专业学校—教材②办公设备—维修—中等专业学校—
教材　Ⅳ.①C931.4

中国版本图书馆 CIP 数据核字(2015)第 132828 号

中等职业教育计算机专业系列教材
办公设备使用与维护
(第二版)
中等职业教育计算机专业系列教材编委会
总主编　张小毅
主　编　钟　勤
责任编辑:王　勇　　版式设计:莫　西
责任校对:关德强　　责任印制:赵　晟

*

重庆大学出版社出版发行
出版人:饶帮华
社址:重庆市沙坪坝区大学城西路 21 号
邮编:401331
电话:(023)88617190　88617185(中小学)
传真:(023)88617186　88617166
网址:http://www.cqup.com.cn
邮箱:fxk@cqup.com.cn(营销中心)
全国新华书店经销
重庆华林天美印务有限公司印刷

*

开本:787mm×1092mm　1/16　印张:12.25　字数:306 千
2008 年 8 月第 1 版　2015 年 8 月第 2 版　2022 年 1 月第 11 次印刷
印数:26 501—29 500
ISBN 978-7-5624-9182-8　定价:29.00 元

序 言

进入 21 世纪,随着计算机科学技术的普及和迅速发展,计算机已成为各行各业不可缺少的基本工具之一。在今天,计算机技术的使用和发展,对计算机技术人才的培养提出了更高的要求,培养能够适应现代化建设需求的、能掌握计算机技术的高素质技能型人才,已成为职业教育人才培养的重要内容。

按照"以就业为导向"的办学方向,根据国家教育部中等职业教育人才培养的目标要求,结合社会行业对计算机技术操作型人才的需要,我们在调查、总结前些年计算机应用型专业人才培养的基础上,重新对计算机专业的课程设置进行了调整,进一步突出专业教学内容的针对性和实效性,重视对学生计算机基础知识的教学和对计算机技术操作能力的培养,使培养出来的人才能真正满足社会行业的需要。为进一步提高教学的质量,我们专门组织了有丰富教学经验的教师和有实践经验的行业专家,重新编写了中等职业教育计算机专业系列教材。

本套教材编写采用了新的教育思想、教学观念,遵循的编写原则是:"拓宽基础、突出实用、注重发展"。为满足学生对计算机技术学习的需求,力求使教材突出以下几个主要特点:一是按专业基础课、专业特色课和岗位能力课 3 个层面设置课程体系,即:设置所有计算机专业共用的几门专业基础课,按不同专业方向开设专业方向课,同时根据专业就业所要从事的某项具体工作开设相关的岗位能力课;二是体现以学生为本,针对目前职业学校学生学习的实际情况,按照学生对专业知识和技能学习的要求,教材在编写中注意了语言表述的通俗性,以任务驱动的方式组织教材内容,以服务学生为宗旨,突出学生对知识和技能学习的主体性;三是强调教材的互动性,根据学生对知识接受的过程特点,重视对学生探究能力的培养,教材编写采用了以活动为主线的方式进行,把学与教有机结合,增加学生的学习兴趣,让学生在教师的帮助下,通过对活动的学习而掌握计算机技术的知识和操作的能力;四是重视教材的"精、用、新",根据各行各业对计算机技术使用的需要,在教材内容的选择上,做到"精选、实用、新颖",特别注意反映计算机的新知识、新技术、新水平、新趋势的发展,使所学的计算机知识和技能与行业需要相结合;五是编写的体例和栏目设置新颖,易受到中职学生的喜爱。本套教材实用性和操作性较强,能满足中等职业学校计算机专业人才培养目标的要求,也能满足学生对计算机专业技术学习的不同需要。

为了便于组织教学,编者提供了与教材配套的教学资源材料供大家参考和使用。希望重新推出的这套教材能受到广大师生喜欢,为职业学校计算机专业的发展作出贡献。

中等职业学校计算机专业教材编写组
2008 年 7 月

前　言

现代办公方式的不断变革,使现代办公设备不断推陈出新。因此,能熟练使用现代办公设备,并能处理它的一些简单故障,成为对中等职业学校毕业生工作能力的基本要求。中等职业学校学生通过学习,一方面能适应信息化社会发展的需要;另一方面也是行业对中职学生能力的基本需求。

由于新技术的不断出现,现代办公设备不断更新,功能也不断增强,为此我们在本书中力求讲解相关类型设备的共性,以便本书的内容能适应现代办公设备发展的需要,使学生学习后能举一反三。

本教材采用"图"配"文"的形式,学习使用不同类型的设备,操控各种机器,做好相关软件和硬件的良好配合,进而培养学生的实际动手能力。本书共分 8 个模块:模块一内容包括办公信息处理方法,办公设备的特点和分类,办公设备对环境的要求等;模块二内容包括打印机的使用与维护,打印机的工作原理和基本组成,打印机的分类、技术指标和基本维护;模块三内容包括扫描仪的使用与维护,扫描仪的工作原理和基本组成,扫描仪的分类和技术指标;模块四内容包括传真机的使用与维护,传真机的工作原理和基本组成,传真机的分类和技术性能;模块五内容包括复印机的使用与维护,复印机的工作原理和基本组成,复印机的分类和技术指标;模块六内容包括数码相机的使用与维护,数码相机的工作原理和基本组成,数码相机的分类和技术指标;模块七内容包括投影机的使用与维护,投影机的工作原理和基本组成,投影机的分类和技术指标;模块八内容包括辅助办公设备使用,选购常用办公耗材。

作为教材,为了方便教师教学使用,本书还配有相应的电子教案,请有此需要的教师在重庆大学出版社的资源网站上下载(网址:www.cqup.com,用户名:cqup,密码:cqup)。建议本课程授课时数不少于 40 课时,其中包括 20 课时左右的实验课。各校可根据本校的实验条件,调整上实验课的课时数。

本书由钟勤主编并统稿,杨怡参加编写。其中,模块一、二、三、四、七由杨怡编写,模块五、六、八由钟勤编写。由于时间紧,作者水平有限,缺点错误在所难免,敬请读者批评指正。作者电子邮件地址:xwyw_cn@ lmhzz.net.cn。

编　者

2008 年 5 月

第二版教材说明

本教材自 2008 年出版以来，经许多学校使用，反映出非常好的效果，但随着计算机技术飞速发展，办公设备也有大量的升级，本教材中部分内容已经落后于现在办公设备的发展，相关内容显得陈旧。为此，我们结合众多使用学校的意见，对教材进行修订和改版。

第二版教材在保持原版教材整体框架不变的情况下，继续沿用第一版的大部分内容，对落后的知识进行了更新，变化最大的是模块四。随着通信方式快速发展与变化，传真机在办公中使用越来越少，因此我们将其内容全部修改为用得较多的移动存储设备。同时，对模块六的内容进行修改和更新。

本次修订，重庆市龙门浩职业中学校的鲍鹏老师撰写了模块四，并对模块六进行全面修改和更新，在此表示感谢！

编　者
2015 年 5 月

目　录

1

模块一

初识办公设备和办公环境

办公系统包括办公事务处理及办公设备应用,而办公设备应用的好坏决定了办公的质量与效率。本模块涵盖办公设备的认识、办公信息的处理流程、办公设备的类型及发展趋势、办公设备的环境布局和要求、办公设备安全使用规则等内容。

通过本模块的学习,你将能够:

◆掌握办公信息处理方法、办公设备的管理;

◆完成办公设备环境布局;

◆认知办公设备使用规则。

任务一　认识办公设备

"办公"是信息处理的重要组成部分。古人云"工欲善其事，必先利其器。"办公活动的发展与办公工具的关系也正是如此。

一、初识办公设备

现代办公的硬件需求主要依赖如下设备：

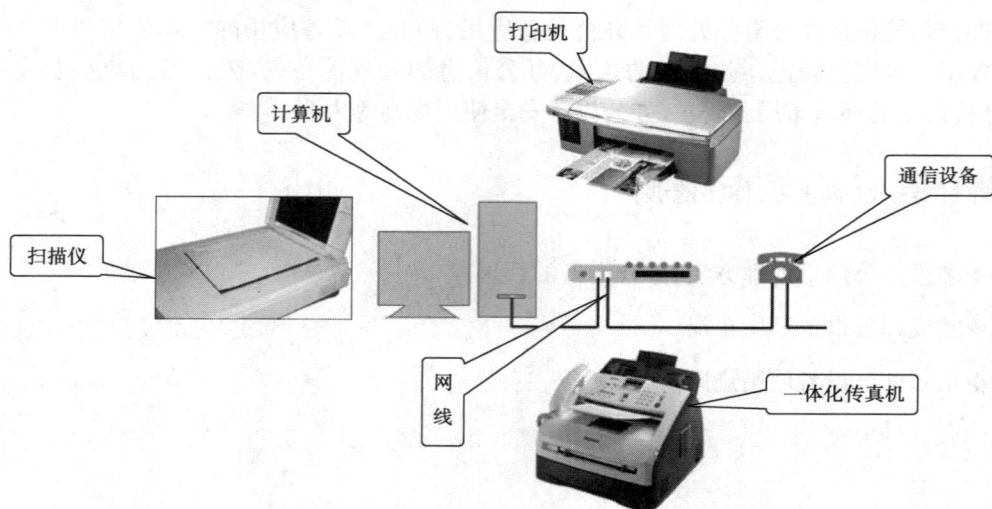

办公硬件

【做一做】

参观教师办公室的办公设备并列出所使用设备的名称。若有不认识的设备，请在备注中写出该设备标识。

教　师	办公设备名称	备　注
教师 1		
教师 2		
教师 3		

二、办公设备的分类

现代办公设备可分为计算机、通信、办公机械三大类。

• 计算机类：如下图所示。

大中小型计算机及网络控制器　　　　电子会议室　　　　多功能工作站及网络设备

• 通信类：通信类办公设备包括各种电话机、传真机、局域网、程控电话、集团电话、自动交换机、微波通信设备和卫星地面站等。

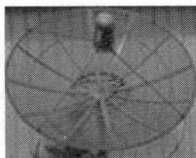

通信类设备

• 机械类：机械类办公设备包括打印机、绘图仪、数字化仪、扫描仪、软（硬）盘驱动器、光盘存储器、高速油印机、投影仪、桌面印刷系统、速印机、多功能一体机、碎纸机、折页机和装订机等。

传真机　　扫描仪　　绘图仪　　装订机

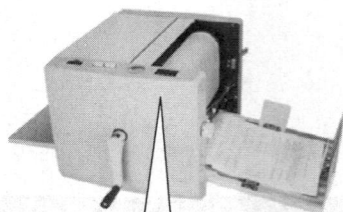
高速油印机

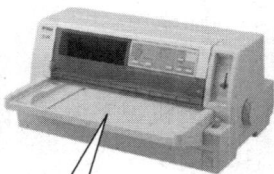
针式打印机

投影机

碎纸机

机械类设备

办公系统就是通过上述各类设备的不同组合而构成的人—机交互办公环境。办公的进程与先进办公设备的使用息息相关。随着科技的进步,办公设备的发展趋势是数字化、智能化、无纸化、综合化以及一机多用。

【做一做】

参观某单位办公室,并完成下表内容。若无该项设备,请在备注项填"无"。

设 备	设备数量及型号	备 注
计算机		
服务器		
打印机		
碎纸机		
装订机		
传真机		
无线网		
局域网		

任务二 初识办公环境

一、办公信息处理流程

办公信息处理流程为:办公信息的生成和输入→办公信息处理→办公信息的输出和复制→文件的存储、归档及销毁。

1.办公信息的生成和输入

办公信息的生成和输入包括信息的产生、获取和存储。办公信息可以来自外部,也可以来自部门内部,通过各种形式产生,如下图所示。

2.办公信息处理

办公信息处理是指对已输入系统的信息进行加工,使之转换成可供使用者显示、存储或复制的电子存储格式。信息处理包括数据处理和文字处理两种,如下图所示。

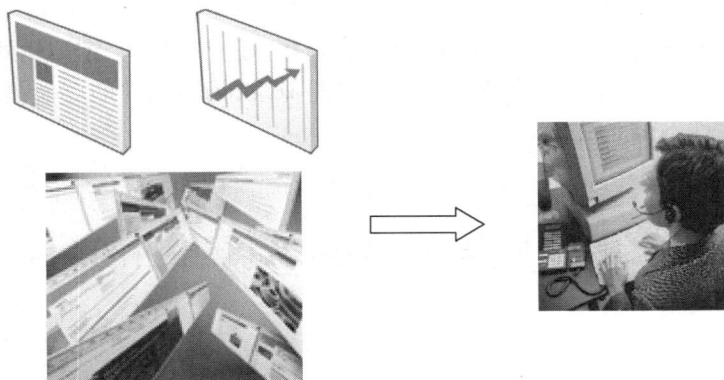

计算机处理各种信息

3.办公信息的输出及复制

信息的输出:经过处理后的信息要输出,分发给他人,其输出的形式和方法很多,如下图所示。

显示器显示输出

打印机打印输出

绘图仪绘制输出

声音和视频输出

电子通信输出

信息的复印:利用复印机、多功能一体机、快速油印机、一体化速印机和胶印机等对信息进行复制。

4.文件的存储、归档及销毁

办公的重要工作之一就是做好文件的存储、归档,还应有计划、定期销毁不再有使用价值的文件信息,以便使有用的信息不被无用的信息淹没,为新文件的存储提供空间,同时也保证有价值的文件不被泄密。

5.信息的利用

信息的重要作用是辅助决策。辅助决策是指利用信息进行分析、判断,提供决策的方案。

【做一做】

教师在办公室中是怎样处理办公信息事务的? 你所在学校的学生信息是如何建立的? 写出建立学生档案的步骤。

二、合理布局办公设备

办公室设备布局应按信息处理流程进行安排,讲究合理有序,错落有致,功能清楚,互不干扰。

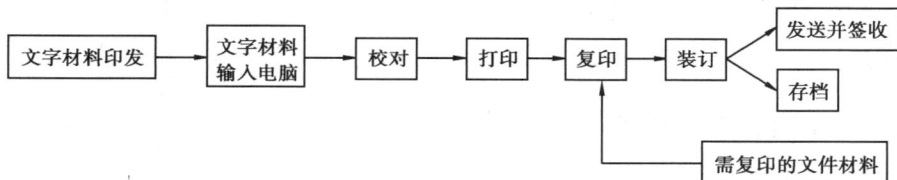

办公信息处理流程

在办公空间处理上应注意:

(1)办公室大门内最好能有屏风或隔墙遮挡,其作用是保密。

(2)办公室的走道上或办公设备周围不能放置有碍行走或妨碍操作的物品。

(3)有的办公设备应独立摆放,如扫描仪、打印机摆放在计算机附近及牢固的办公桌上。

办公桌椅和柜架的排列应采用直线对称式布置,这样可尽量腾出利用的空间,便于操作。

友情提示

◆ 复印机应靠近插座放置,以便于连接,其空间要求如下图所示。

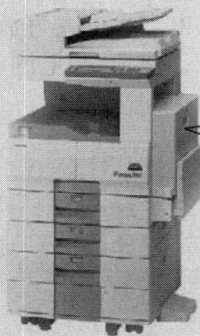

为确保最佳的操作,至少留有左侧 80 cm,右侧 80 cm,后部 10 cm 的空间

【做一做】

请参观你校办公室里办公设备的布局情况,简述哪些是不合理的。

三、办公设备的环境要求

1.湿度对办公设备的影响

在高温潮湿、低温干燥等交替变化的环境中,由于材料毛细孔的呼吸作用,会加速材料的吸潮和腐蚀,因此办公设备应放在规定的温度和湿度的环境中。

2.灰尘对办公设备的影响

灰尘对计算机等办公设备,特别是对精密机械和接插件的影响较大,当大量灰尘落入设备内时,可能会引起接插件触点接触不良。因此,应保持办公设备环境的清洁。

【做一做】

请简单说出你校计算机机房的环境情况。

任务三 注重办公设备的管理

一、办公设备对供电的基本要求

为了保证办公设备的正常运行,供电系统的质量和连续性至关重要,它直接关系到设备的使用寿命。对办公设备的供电有以下几个方面的要求:

(1)控制供电电源的波动范围。办公设备系统供电电压的允许波动范围一般是额定电压值的±5%。当电网电压过低时,有的办公设备会自动保护;当电网电压过高时,则很容易损坏办公设备。

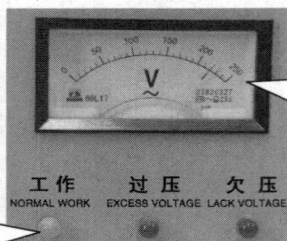

对重要的办公设备或用电量较大的办公设备,应有独立的电压表、电流表,对其工作电压和电流进行监测。

【做一做】

办公设备供电的交流电压应在_____～_____ V。

(2)供电电网的连续性。办公设备系统要求供电电网在工作时间内连续供电,突然断电很容易造成办公设备损坏、数据丢失。因此,在供电电网经常发生断电的地区,必须配置不间断电源(UPS)。

【知识窗】

　　UPS 主要包括蓄电池、充电器、逆变器和转换开关 4 个部分。蓄电池是逆变器工作时的供电电源,充电器用来给蓄电池充电,逆变器用来将直流电源转换为交流电源,转换开关用于切换逆变器的供电电源(即电网电压供电正常时,切断电池供电;电网供电出现事故或停电、断电时,自动接通蓄电池供电)。

UPS 电源

(3)避免与大容量感性负载的电网并联使用。

感性负载

(4)避免供电电网带来的杂波干扰。
(5)计算机系统应接地和配置防雷设施。

【做一做】

参观单位或学校的电源控制中心,请相关技术员为你讲解,然后完成下列各题。
(1)检测你所在的学校或单位某计算机机房的电源电压:_____ V。
(2)若有防雷设备,请完成下表。

防雷产品类型	型　号	产　地

(3)若有 UPS 电源,请填写下表。

UPS 类型	型号和产地	连接的设备

二、办公室电源安装要求

办公室的电源安装按照用电规定应采取如下措施:

(1)采用专用地线,以消除采用公共地线带来的相互影响。

(2)电网零线和重复接地线不能作为计算机的接地线。

(3)在考虑三相平衡的情况下,根据用电设备的总功率和性质分配用电。

(4)选择较粗的多芯铜缆作地线,它的一端直接与室外引进的紫铜带焊接(不宜用螺丝钉紧固),另一端用单芯包皮粗铜缆焊接,再连接到三芯电源插座的接地端。

(5)接地线应尽量短,这样可以最大限度地减小电压的影响。

(6)当一个机房安装多根地线时,从同一根紫铜带上引出的任意两根接地线不应形成回路,以减小高频干扰。

(7)对于三芯电源插座,按国际、国内标准,从插座的正面看,上面的粗芯应接地线,下面的两个细芯,左边接零线,右边接火线,即"左零右火",电源插头也应与之对应。

(8)如装有稳压电源,应检查稳压电源是否漏电,即稳压电源零线对机壳(地)电压是否小于 10 V(交流电的峰值)。

(9)安装完毕,用电压表测量其空载情况下的中线对地电压,并用示波器测量其峰值,然后逐步加载至所需功率,此时的中线对地电压应小于 10 V。

(10)对陈旧电路,应重点检查是否有铝线、铜线连接头,此类连接处极易产生电化锈蚀而断裂。

【做一做】

叙述你看到的教师办公室的电源安装是否符合安装要求。

三、插座、插头安装要求

插座的主要作用是通过插头把用电设备和电源连接起来。插座一般分为明插座和暗插座;按孔眼的多少也可分为二极、三极、四极插座。在单相三极和三相四极插座中,较大的那个插孔是接地插孔。插座、插头安装要求如下:

(1)插座、插头必须符合相应的国家标准。安装使用前,要严格检查,不合格的产品不准安装使用。

(2)安装插座时必须保证一定的安装高度,根据规定:明插座离地的高度为 1.3~1.5 m,暗插座离地的高度为 0.2~0.3 m。

(3)使用插座时,开关与熔断器必须接在火线上。

(4)插座、插头的带电部件与导线均不得外露。

(5)严防插座、插头内因线头松脱或绝缘破损而造成短路或碰壳漏电。

(6)插座、插头的外壳应始终保持完整并具有良好的绝缘性。

(7)插座、插头必须正确接线,插座中的地线和零线严禁连通。

【做一做】

观察学校办公室插座的安装情况,完成下表。

办公室人数	办公桌	插　座	插线板
人	张	个	芯
		孔	(电源指示是电压表或指示灯)

四、静电及其消除

静电是绝缘体相互摩擦时产生的电荷。

办公场所里有很多绝缘材料是电阻率很高的化工合成材料,操作人员的衣服通常也含有化纤物,当这些高分子材料相互摩擦时,便会产生静电,而且越积越多,静电压可达几千伏甚至上万伏。因此,静电的影响不容忽视。

办公场所防静电的措施归纳起来有如下几点:

(1)接地与屏蔽:静电接地系统要经常进行维护。

(2)工作人员的着装:工作人员的衣服(包括内衣)最好选择天然材料(如棉质)衣料,所穿的鞋也要用绝缘材料制作。

(3)控制湿度:保证空调系统安全运行以及恒温、恒湿设备的完好,使相对湿度保持在规定的范围之内。

(4)使用静电消除器:按规程操作静电消除器,还应经常维护,保证设备完好。

【做一做】

你所在的计算机机房使用了静电地板吗?请你讲述一下它的特点。

五、办公设备管理与安全用电

现代办公设备不但贵重,还担负着重要任务。因此,应加强设备管理,保证安全运行。

1.办公设备管理工作

归纳起来有如下几个方面:

(1)根据设备指标、性能要求,制订出设备操作规程。

(2)对设备应建立技术档案,详细记载运行情况。贵重设备应设专人管理。

11

（3）建立维修、维护制度，填写维修记录，明确日常维护与定期维修的内容。

（4）管理人员对所管辖设备的现状必须做到心中有数，防止机器带病运行，造成不应有的损失。

（5）节假日或长假期间，应切断办公设备电源，即将办公场所的电源全部切断。

（6）不要求昼夜工作的设备，务必做到"人走断电"。

（7）尽量避免使用劣质接线板拖带多台办公设备。

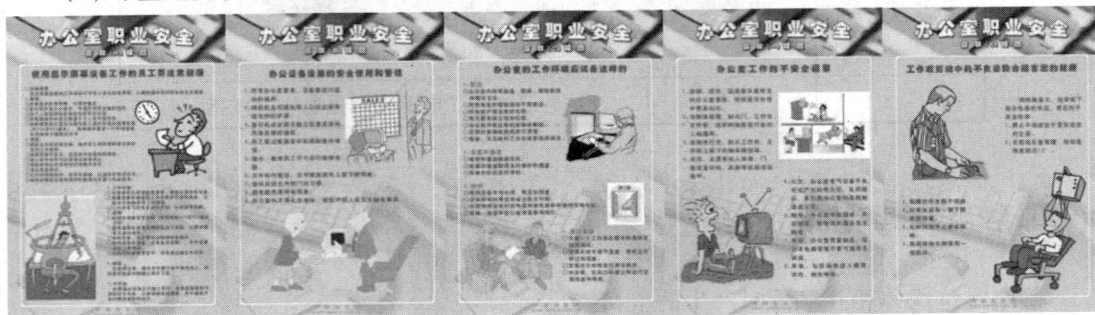

办公室里相关的安全措施条例

2.办公设备的安全及防护

办公设备的安全及防护，是指它既要保证办公设备可靠运行，不因意外事故而毁坏，还应保证操作人员的正常工作和身心健康。

办公设备的安全防护包括火灾、静电、电击、水害及鼠虫害防护等方面，其中危害较大的是静电和火灾。

火灾是办公场所发生较普遍、危害最大的灾害。人们所重视的是视觉所能看到的地方，而对于顶棚之上、地板之下等隐蔽地方则易忽视。为了防止火灾，对这些地方应定期检测，防患于未然。

（1）办公室火灾的类型

电火灾，空调、加热器起火，电线和插线板老化超负荷使用，人为事故及其他建筑物起火蔓延或介质与易燃物起火，如下图所示。

因电路板燃烧而损坏的笔记本电脑

因电线老化引起电线火灾

因接触电阻过大引起发热，烧坏的电源插座

千万别用水浇

计算机起火

要使用灭火器灭火

友情提示

　　某著名大学女生宿舍,突发火灾,除烧毁一些生活用品外,几名女生的各种证书也随之付诸一炬。后经消防部门验证,起火原因是由于房间内电源私拉乱接比较严重,致使线路长期超负荷运转。失火的直接原因竟是一个手机充电器的电路老化,打火引燃旁边可燃物品。

　　(2)办公室的防火措施

　　除了采取建筑上的防火措施和设置火灾报警与灭火设备外,还应加强防火管理,建立必要的消防机构,经常对办公室人员进行消防教育和训练,并制定有效的防火制度。防火制度应包括下列条款:

　　①办公室应严禁烟火。

　　②纸张、磁带、胶卷等易燃物品要置于金属制的防火柜内,并由专人管理,不得乱丢乱放。

　　③不许在办公室内使用电炉。

　　④电气设备和动力线路应定期维护管理。

　　⑤擦拭设备的棉纱、酒精等应及时清理,一般应在维修间进行。

　　⑥定期检查,维护防火设施,使之处于完好状态。

　　⑦办公设备插头要插牢,插头数量不能超过插线板的承载能力,否则会造成如下图所示现象。

13

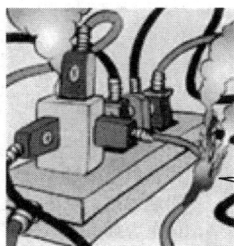

插线板超负载，电线起火

⑧定期检查电源线是否完好无损、是否老化，以免造成不必要的损失，如下图所示。

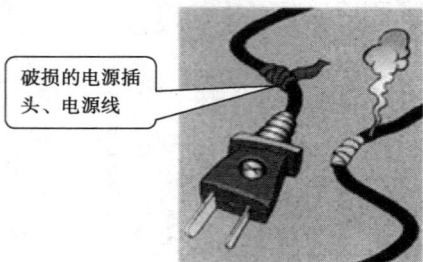

破损的电源插头、电源线

电源线短路失火

【做一做】

请检查你们使用的计算机机房是否有安全设施。如果没有，应该怎么办？

自我测试

1.填空题

（1）办公设备可分为计算机、_____、办公机械三大类。

（2）办公信息的输入有语音输入、键盘输入、_____和视频获取。

（3）办公信息的输出有显示器显示输出、_____输出、_____输出、_____输出、电子通信输出。

（4）复印机应靠近电源插座放置，为确保最佳的操作，至少留有左侧_____ cm，右侧_____ cm，后部_____ cm 的空间。

（5）办公设备环境应考虑：_____对办公设备的影响、_____对办公设备的影响。

（6）办公设备的用电要求：_____、_____、_____、_____和_____。

（7）办公室安全防护大致包括_____、_____、_____及鼠虫害防护等方面，其中危害较大的是_____。

（8）对于三芯电源插座，按国际、国内标准，从插座的正面看，上面的粗芯应接地线，下面的两个细芯，左边接零线，右边接火线，即_____，电源插头也应与之对应。

（9）办公室防静电的主要措施归纳如下：_____；工作人员的着装：_____；使用静电消除器。

（10）办公室火灾的类型为_____、空调、_____起火，电线和_____老化超负荷使用，人为事故及其他建筑物起火蔓延或介质与易燃物起火。

2.选择题（选出下列各题的所有正确答案）

（1）插座的主要作用是通过插头把用电设备和电源连接起来。计算机用的插座是（　　）。

　　A.二极　　　　　　B.三极　　　　　　C.四极插座　　　　D.都不是

（2）安装插座时必须保证一定的安装高度，规定明插座离地的高度为：（　　）。

　　A.1.3～1.5 m　　　B.0.2～0.3 m　　　C.1～2 m　　　　　D.3 m

（3）办公室防静电的主要措施是（　　）。

　　A.接地与屏蔽　　　B.控制湿度　　　　C.使用静电消除器　D.都正确

（4）办公室火灾的原因是（　　）。

　　A.电火灾　　　　　B.空调加热器起火　C.人为事故　　　　D.都不是

（5）办公室安全防护包括火灾、静电、电击、水害及鼠害等方面，其中危害较大的是（　　）。

　　A.火灾和静电　　　B.静电和电击　　　C.电击和水害　　　D.静电和电击

3.判断题

（1）手写板是输入设备。　　　　　　　　　　　　　　　　　　　　（　　）

（2）办公设备供电电压的允许波动范围一般是额定电源电压的±20%。　（　　）

（3）UPS 不间断电源是在电网出现事故或停电、断电时，自动接通蓄电池为办公设备供电。　　　　　　　　　　　　　　　　　　　　　　　　　　　　（　　）

（4）计算机系统应接地和配置防雷设施。　　　　　　　　　　　　　（　　）

（5）冬天在办公室内可使用电炉。　　　　　　　　　　　　　　　　（　　）

4.简答题

（1）现代办公对信息处理有哪些要求？

（2）叙述办公信息处理的流程。

（3）举例说明办公信息的输入途径。

（4）无纸化办公需要哪些设备？

（5）采取哪些办法可加强办公设备的管理？

使用与维护打印机

打印机是办公设备中使用最广泛的设备,使用顺利与否直接影响到工作效率。因此,学会使用打印机对今后的工作大有帮助。

本模块的主要内容包括:打印机基本原理和组成,打印机的分类、技术指标,正确使用打印机打印文稿,打印机的基本维护等。

通过本模块的学习,你将能够:

◆了解当前流行打印机的分类、特征、主要参数、组成等;

◆选购并安装一台适合自己的打印机;

◆运用打印机打印文稿;

◆安装打印耗材;

◆维护打印机。

任务一 认识打印机

一、打印机的分类及特征

打印机是计算机常用的输出设备之一,使用打印机可以打印出各种资料,包括文档、表格、图片等。常见打印机如下图所示。

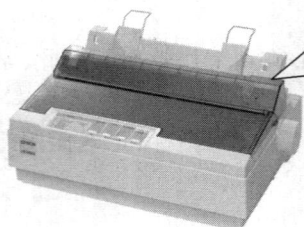

定位准确,能进行多层票据打印,打印时有撞击噪声

针式打印机

体积小,打印噪声小,打印文字、图像清晰、纯正,色彩过渡平滑

喷墨打印机

技术成熟,性能稳定,打印速度快、噪声小,使用成本低廉,输出质量高

激光打印机

又称多功能复合机,集打印、复印、传真、扫描为一体

多功能一体机

【做一做】

请在网上查相关资料,将下表中涉及的内容补充完整。

打印机使用场地	打印机类型	特　征	备　注
超市收银凭条			
银行票据打印			
办公资料打印			

二、打印机的主要参数

三种常用打印机的主要参数见下表。

打印机类型	主要参数
针式打印机	打印方式:24 针宽行和窄行打印,7 针击打式,9 针击打式
	打印速度:220 字符/s,440 字符/s,150 字符/s,750 行/min
	纸张规格:宽度:单页纸 100～420 mm,连续纸 101.6～406.4 mm
	厚度:0.065～0.52 mm
	进纸方式:连续纸:前部,后部,底部;单页纸:前部,后部自动进纸(后部、前部)、 摩擦进纸(拖纸器:后部进纸)
	最大复写能力:5 份(1 份原件+4 份拷贝);6 份(1 份原件+5 份拷贝);4 份
	接口:IEEE-1394 双向并行接口,USB 接口,RS-232,RS-485
彩色喷墨打印机	彩色打印速度:9 页/min
	最大打印幅面:A3
	纸张容量:150 张
	最高分辨率:4 800×2 400 点/in *
	接口:USB 2.0 接口,直接打印接口,IrDA(红外线接口),PictBridge(直接打印接口)
黑白激光打印机	黑白打印速度:23 页/min
	最大打印幅面:A4
	最高分辨率:1 200×1 200 点/in
	纸张容量:550 张
	接口:IEEE-1394 并行接口,USB2.0 接口,10/100 网络接口,以太网打印服务器

友情提示

dpi(点/in)是衡量打印质量的一个重要指标,它表示每英寸打印的点数。单色打印时,dpi值越大,打印效果越好。一般至少应选择360 dpi以上的分辨率

打印速度:喷墨打印机的打印速度一般以每分钟打印的页数(页/min)来表示

---

* 1 in＝2.54 cm。

纸张尺寸(S)：

A4

> 一般喷墨打印机的打印幅面有B5、A4和A3等。一般用户使用B5或A4幅面的纸就可以了

【做一做】

参观教师办公室的打印机,查阅说明书中的主要参数,填写下表内容。

打印机类型	型　　号	主要参数

三、打印机的结构及基本原理

1.打印机的基本结构

下面以激光打印机 HP1020 为例,介绍该打印机的前、后面板结构。

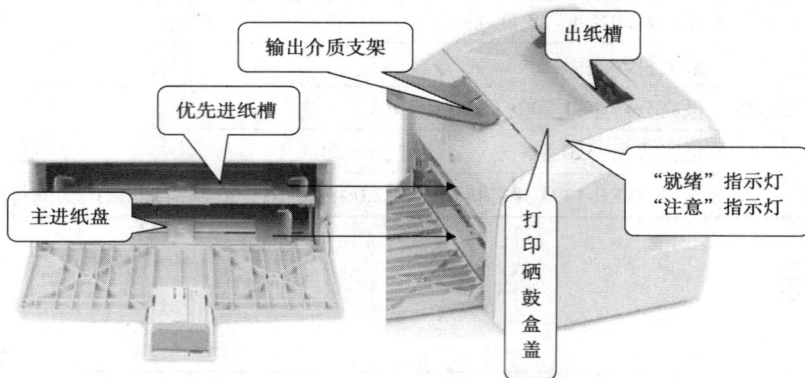

输出介质支架

出纸槽

优先进纸槽

主进纸盘

打印硒鼓盒盖

"就绪"指示灯
"注意"指示灯

前面板结构图

友情提示

◆ 优先进纸槽:打印单张打印纸、信封、明信片、标签或投影胶片时,可以使用优先进纸槽。为防止打印歪斜,在装入介质时,调整介质导板使之适合所用介质的宽度。

◆ 主进纸盘:位于打印机的前部,可容纳多达 150 张 20 磅*的纸或其他介质。在装入介质时,调整介质导板使之适合所用介质的长度和宽度。

20

---

* 1 磅 = 0.453 6 kg。

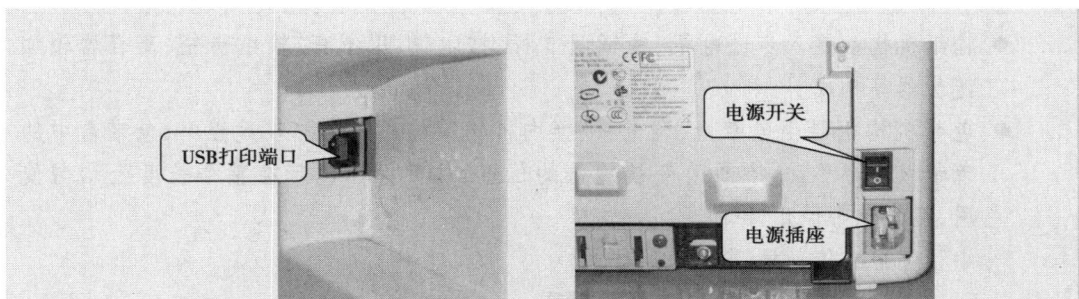
后面板结构图

◆ 出纸槽:位于打印机的顶部,已打印介质按正确顺序集中放在此处。

【做一做】

查阅说明书,对照老师使用的打印机,说出打印机的外部结构配件名称和功能。

2.打印机的基本原理

(1)针式打印机

针式打印机主要用于票据打印,一次可以打印多张厚度在2 mm以上的票据。针式打印机的成字过程是由打印头里的打印针打击色带形成点阵,这些点阵就构成文字或图像。

基本组成结构如下:

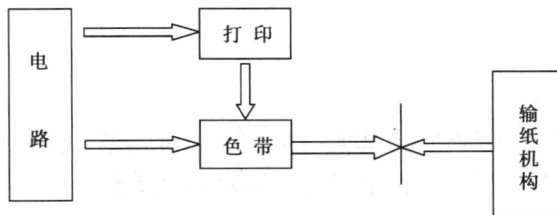

【知识窗】

　　针式打印机的基本结构分为机械结构部分和电路部分。

　　针式打印机的机械结构由4个部分组成:打印头、字车机构、色带机构、输纸机构,另外还有机壳和机架。

◆ 打印头又称印字机构,被装在字车上,当控制电路传来打印命令的信号后,通过激励电磁线圈控制打印头上的打印针完成打印任务。

◆ 字车机构由字车电动机、前后导轨、字车滑动架、调速滑轨、调速带及滑轮张力板等组成。字车上的打印头在打印命令控制下,随字车滑动架移动,经色带击打纸张,完成打印操作。

21

◆ 输纸机构由输入步进电机、输纸调节杆、打印辊、压纸杆、输纸齿轮、离合器轮和链齿器等构成。

◆ 色带机构主要由色带盒、调节板、换向机构等构成。在打印过程中，色带盒中的色带做循环移动，不断改变被撞击的位置，从而保证色带在整个长度上均匀使用，延长色带使用寿命。

小型色带有传动槽、转轮、压轮。

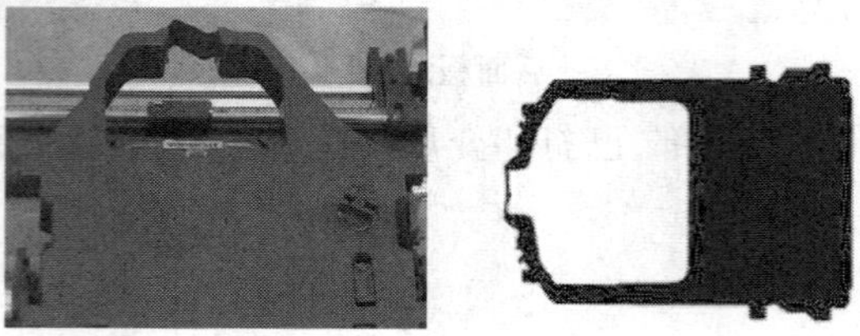

小型色带架

长型色带盒固定在打印机的机架上，色带盒本身不移动，而是由字车的移动带动打印头沿着色带的内侧移动，如右图所示。

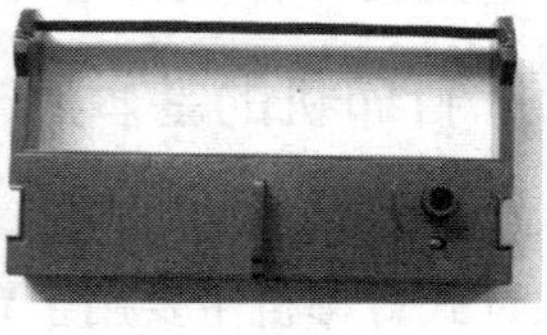

长型色带架

友情提示

◆ 无论针式打印机安装何种色带，其换向机构中的齿轮结构使色带驱动齿轮单向旋转。不管字车左移还是右移，色带移动卷轴总使色带盒子中的色带朝一个方向循环移动。

◆ 电路部分主要由控制电路、驱动电路(包括打印头、字车电动机、输纸电动机)、打印机状态检测电路、DIP 开关读入电路、操作面板电路、接口电路和电源组成。

【想一想】

针式打印机适用于哪些办公环境？

(2)喷墨打印机

目前,喷墨打印机按打印头的工作方式可以分为压电喷墨技术和热喷墨技术两大类型,如下图所示。

分离结构墨盒——六色墨水盒

分离结构墨盒——四色墨水盒

一体式墨盒——单色墨盒

一体式墨盒——彩色墨盒

【知识窗】

压电喷墨技术是将许多小的压电陶瓷放置到喷墨打印机的打印头喷嘴附近,利用它在电压作用下会发生形变的原理,适时地把电压加到它的上面,压电陶瓷随之产生伸缩使喷嘴中的墨汁喷出,在输出介质表面形成图案。用压电喷墨技术制作的喷墨打印头成本比较高,为了降低用户的使用成本,一般都将打印喷头和墨盒做成分离的结构,更换墨水时不必更换打印头。

热喷墨技术是让墨水通过细喷嘴,在强电场的作用下,将喷头管道中的一部分墨汁气化,形成一个气泡,将喷嘴处的墨水顶出喷到输出介质表面,形成图案或字符。所以这种喷墨打印机有时又被称为气泡打印机。这种技术的打印喷头通常都与墨盒做在一起,更换墨盒的同时更新打印头,但墨盒里墨水用完了可加注。采用热喷墨技术的产品比较多,主要为佳能(Canon)和惠普(HP)等公司所使用。

（3）激光打印机

激光打印机利用激光束扫描光鼓,通过控制激光束的开与关,使传感光鼓吸与不吸墨粉,光鼓再把吸附的墨粉转印到纸上而形成打印结果。激光打印机的整个打印过程可以分为控制器处理阶段、墨影及转印阶段。

当然,激光打印机的整个打印过程并不仅仅包括激光发生器和感应鼓,还有很多其他部件也都参与了打印作业。

友情提示

◆ 打印机控制器：负责接收从主机传来的打印数据，并把这些数据转换为图像。打印机控制器需要处理很多程序，包括与主机通信、解释主机的打印命令、格式化打印内容（即准备创建图像，包括设定纸张大小、边页、选择字体等）、光栅化（创建点阵图像），最后将图像送往打印引擎。不同的打印机语言对控制器发出不同的命令，不同的生产厂商使用不同的方法来设计他们各自的打印机控制器。

◆ 打印装置：一组电子与机械相结合的系统，它能把打印机控制器生成的点阵图形打印出来。打印装置有自己的处理器，用来控制引擎与电路。一般说来，打印装置由以下部件构成：激光扫描装置、感应鼓、硒鼓、显影装置、静电滚筒、粘合装置、纸张传送装置、清洁刀片、进纸器和出纸托盘。

【做一做】

比较各种打印机，完成下表内容。

打印机类型	主要参数	打印机的基本原理	打印耗材名称
针式打印机			
喷墨打印机			
激光打印机			

任务二　选购与安装打印机

一、选购打印机

打印机的选购应从打印类型、打印环境、打印精度、打印速度、打印成本几个方面考虑。

另外，在购买打印机时，注意生产厂家的产品标签是否清楚、有无防伪标志。询问产品的售后服务、"三包"情况，打印机的耗材是否是通用型或专用型、是否有特殊要求，打印机的环境要求等。

24

【想一想】

家庭购买打印机应从哪些方面考虑？

二、安装打印机

1.安装针式打印机

安装针式打印机，步骤如下：

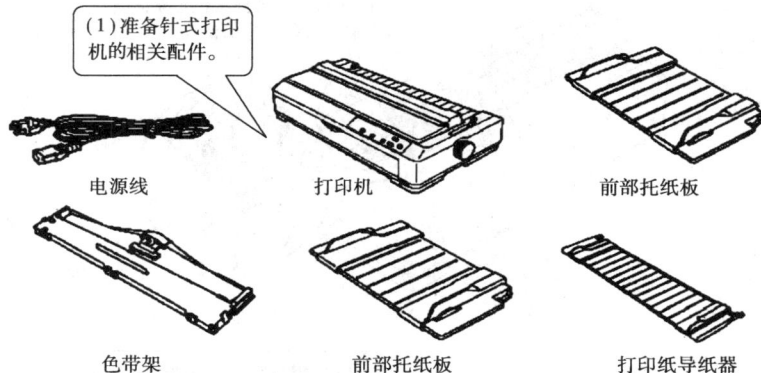

(1)准备针式打印机的相关配件。

电源线　　　打印机　　　前部托纸板

色带架　　　前部托纸板　　　打印纸导纸器

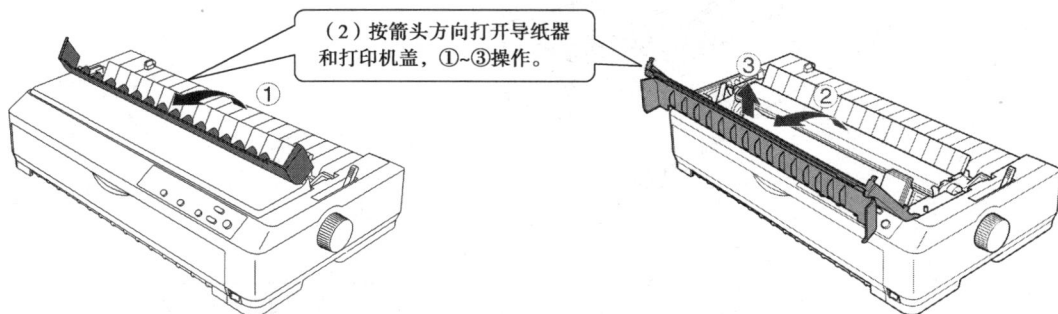

(2)按箭头方向打开导纸器和打印机盖，①~③操作。

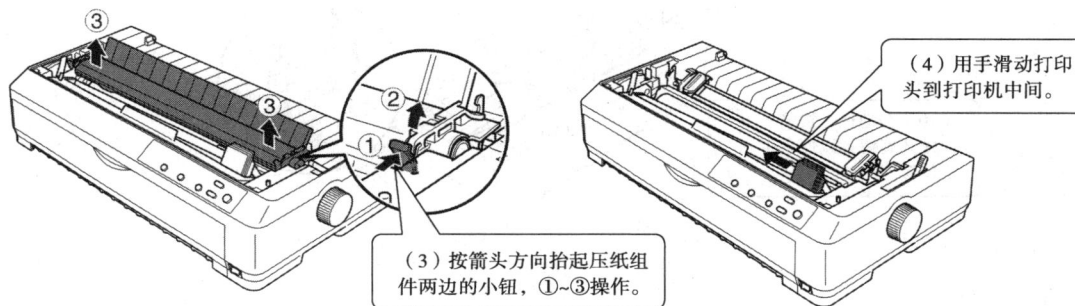

(3)按箭头方向抬起压纸组件两边的小钮，①~③操作。

(4)用手滑动打印头到打印机中间。

（6）按箭头方向将色带从色带架中拉出。

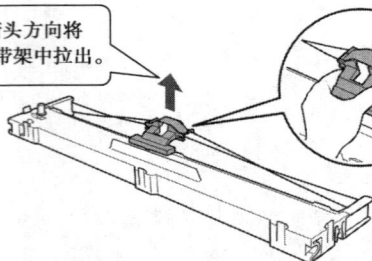

（5）按住色带导轨两侧。

（7）按箭头方向将色带架向下插入打印机中①位置。

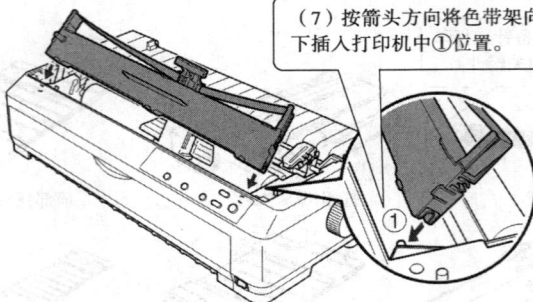

（8）用力按住色带架中的两侧，将其钩在打印机的小柱上，按箭头方向进入插柱②位置。

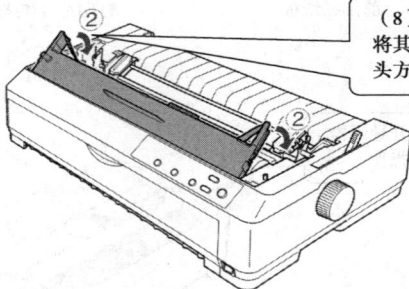

（9）滑动色带导轨，按箭头方向装入打印头中①位置，直到锁定到位。

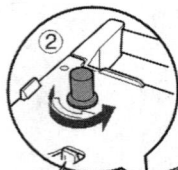

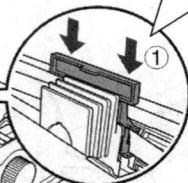

（10）转动色带按箭头方向松开旋钮，以使色带到②位置。

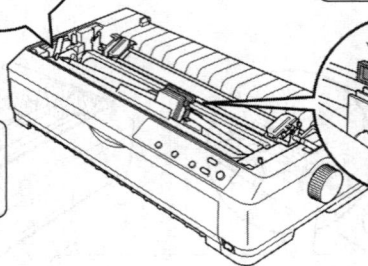

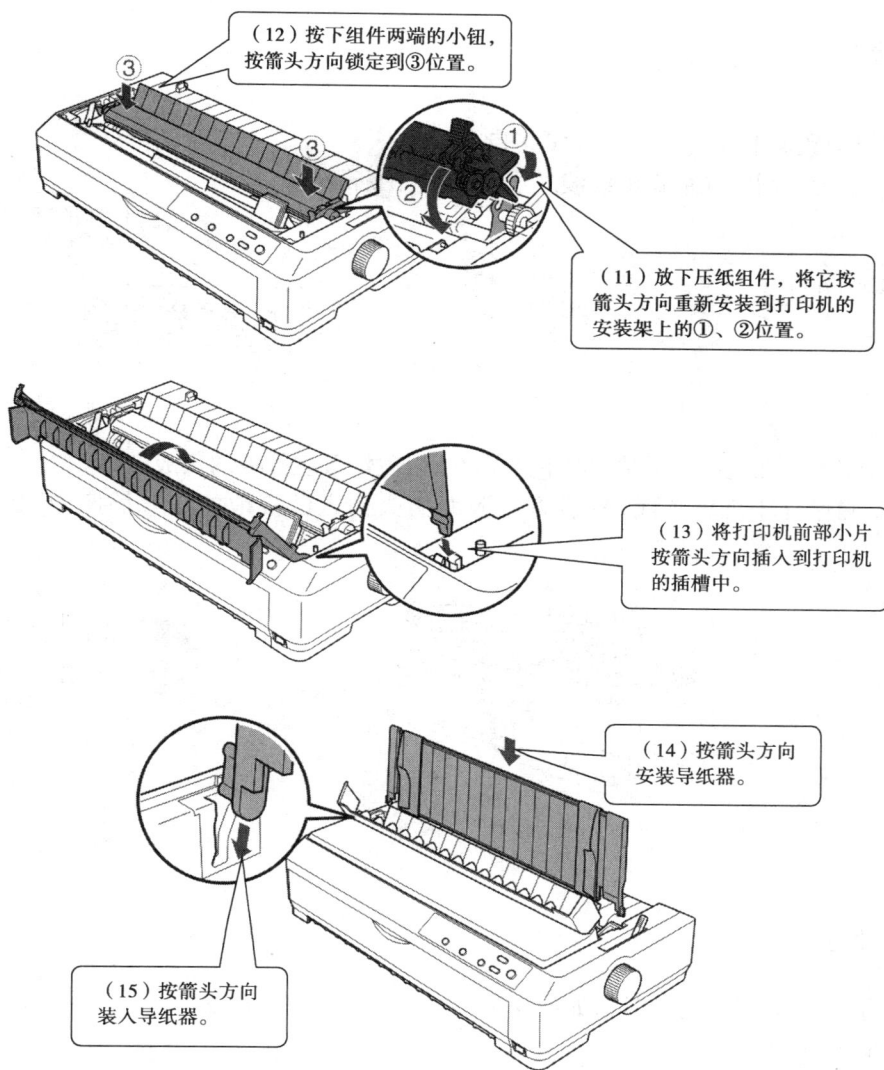

（12）按下组件两端的小钮，按箭头方向锁定到③位置。

（11）放下压纸组件，将它按箭头方向重新安装到打印机的安装架上的①、②位置。

（13）将打印机前部小片按箭头方向插入到打印机的插槽中。

（14）按箭头方向安装导纸器。

（15）按箭头方向装入导纸器。

　　确保已关闭打印机和计算机，然后用接口线缆连接打印机和计算机。打印机与计算机的接口有两种，如下图所示。

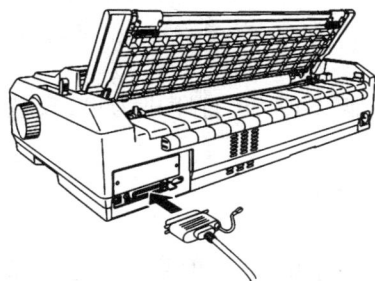

LPT 并行接口

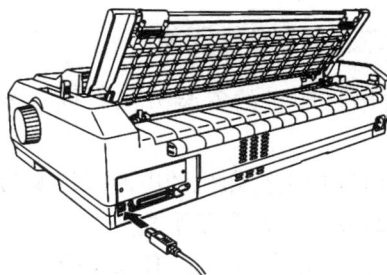

USB 接口

友情提示

◆ 打印机的数据电缆线安装在 LPT 接口上。

第一,卡簧要固定在数据电缆线端子上,如下图所示。

LPT 接口的打印电缆线连接如右图所示

卡簧的作用:固定电缆插头

第二,切不可在通电时插拔打印机数据线,以免烧毁主控板的集成电路。

第三,确保打印机已关闭,然后将电源线插头插入已接地的电源插座中,如下图所示。

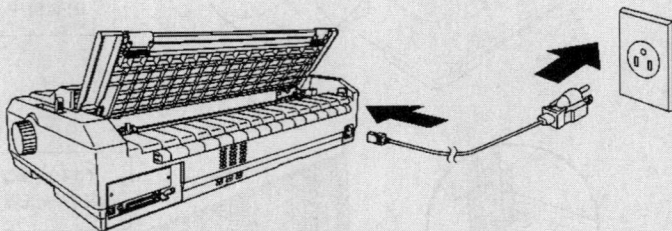

【做一做】

现在有一台新的针式打印机,如何安装?请写出它的安装步骤。

第 1 步: _____

第 2 步: _____

第 3 步: _____

第 4 步: _____

2.安装喷墨打印机

喷墨打印机的安装方法大同小异,现以 Canon(佳能)S400SP 打印机为例,安装步骤如下:

(1)连接上打印机的电源线以及与计算机连接的数据线。

(2)安装墨盒和墨水盒。

①打开前盖,由于没有安装墨盒,此时墨盒支架自动位于中间,同时提升右边的墨盒锁定杆,如下图所示。

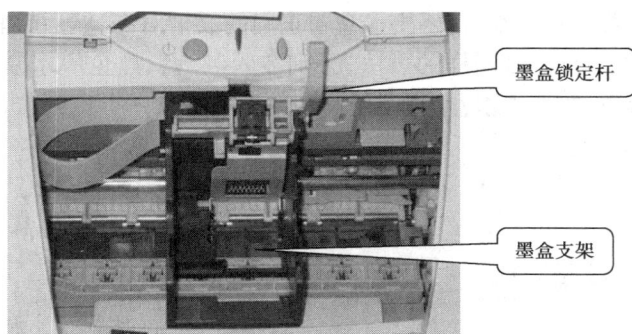

墨盒锁定杆

墨盒支架

②从包装中取出墨盒,取下橙色保护盖帽和保护胶带,将彩色墨盒装入墨盒支架中,如下图所示。

③推下右边的墨盒锁定杆,将其按下直到锁定为止,按住固定手柄取出两片橙色的胶片,如下图所示。

墨盒锁定杆
向下锁定

④分别取出 4 种颜色墨水盒,向上拉起橙色胶带,并按照与打孔位置相反的方向打开密封胶带。

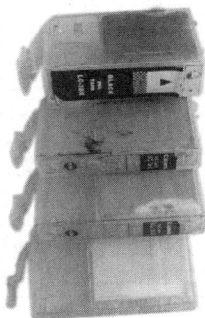

⑤微微倾斜地拿着新的墨水盒,将墨水盒与正确的插槽对齐,然后轻轻地按下墨水盒的顶部,直至其锁定到位为止。以同样的方法,分别装入红、蓝、黑色墨水盒,并确保把墨水盒放到墨盒支架的插槽内,按下墨水盒,直至墨水盒在墨盒支架内卡定到位,如下图所示。

固定墨盒

⑥关闭前盖,墨盒支架将会自动返回原位,此时电源灯开始闪烁,打印机开始准备正常操作。当电源灯停止闪烁后,可进行操作。

(3)安装打印驱动程序。

计算机启动后,将随机提供的光盘插入光盘驱动器中,按照对话框提示安装打印机的驱动程序,如下图所示。

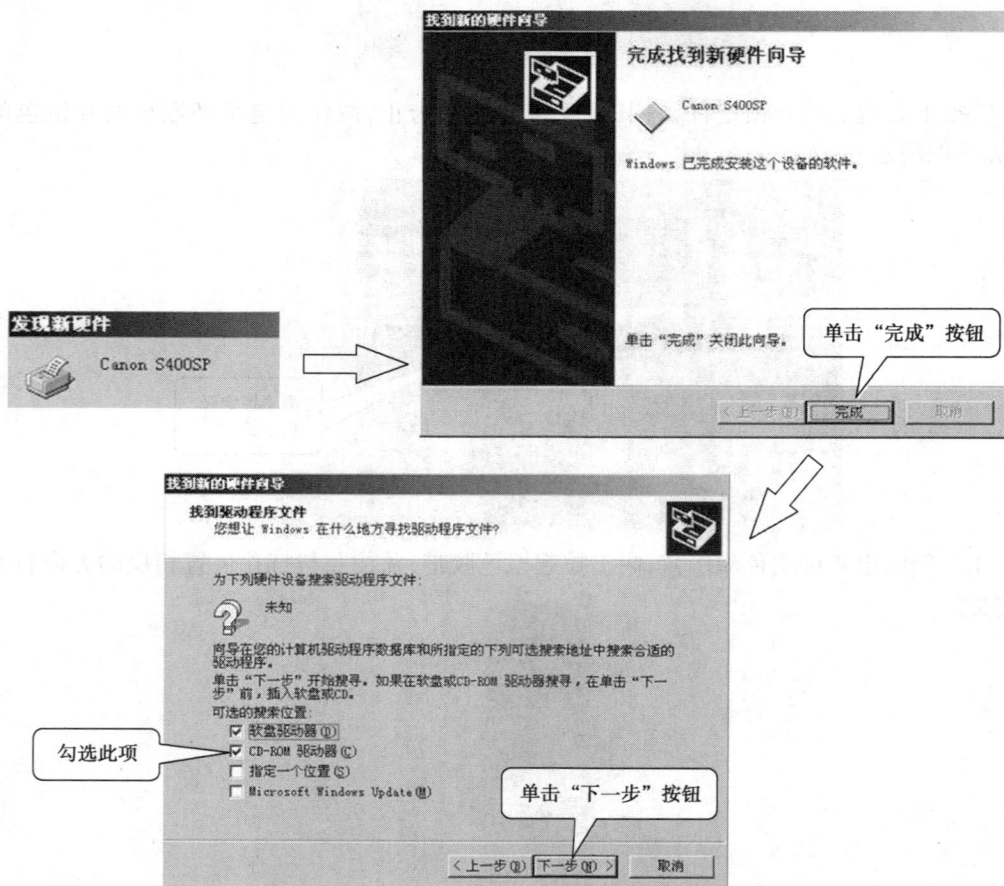

单击"完成"按钮

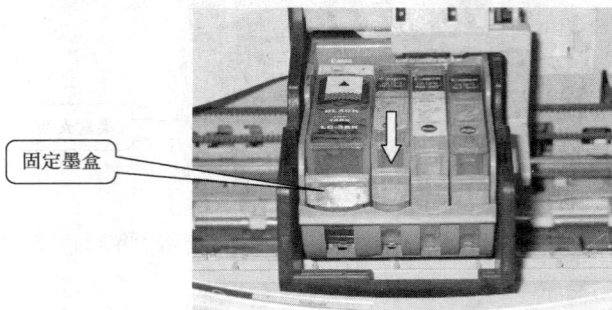

勾选此项

单击"下一步"按钮

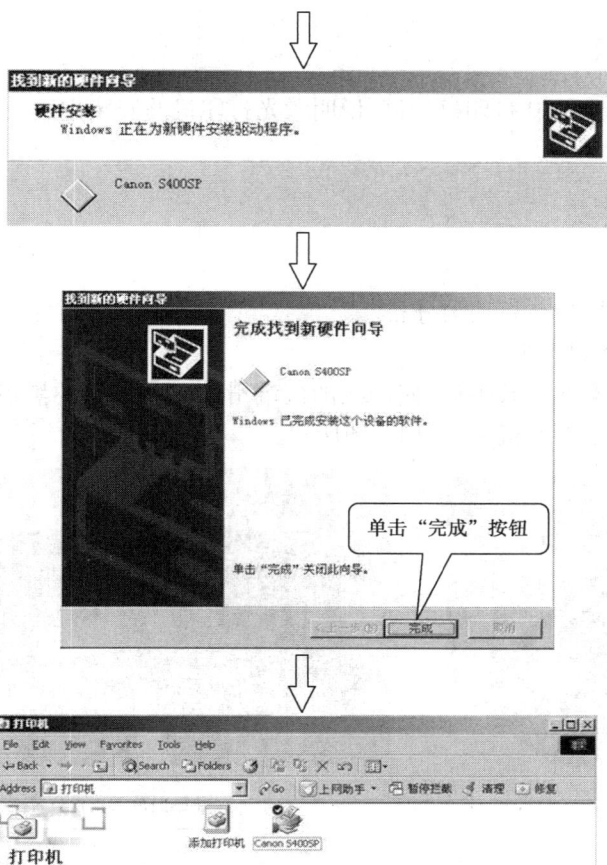

找到新的硬件向导

硬件安装
Windows 正在为新硬件安装驱动程序。

◇ Canon S400SP

找到新的硬件向导

完成找到新硬件向导

◇ Canon S400SP

Windows 已完成安装这个设备的软件。

单击"完成"按钮

单击"完成"关闭此向导。

< 上一步(B)   完成   取消

打印机

File Edit View Favorites Tools Help
Back → ⌀Search ⌀Folders ❘ ⌀ × ⌀ ⌀ ⌀·
Address ⌀ 打印机   ⌀ Go ⌀上网助手 ⌀暂停拦截 ⌀清理 ⌀修复

打印机   添加打印机 Canon S400SP

友情提示

◆ 打印机程序由打印机厂家提供,也可从操作系统里安装打印机驱动程序,还可根据打印机的品牌、型号从互联网上下载相关的驱动程序。

【做一做】

(1)观察教师安装喷墨打印机的墨盒和驱动程序,写出安装步骤。

第 1 步:＿＿＿＿＿＿＿＿＿＿＿＿＿＿＿＿＿＿＿＿＿＿＿＿＿＿＿＿＿＿＿＿＿

第 2 步:＿＿＿＿＿＿＿＿＿＿＿＿＿＿＿＿＿＿＿＿＿＿＿＿＿＿＿＿＿＿＿＿＿

第 3 步:＿＿＿＿＿＿＿＿＿＿＿＿＿＿＿＿＿＿＿＿＿＿＿＿＿＿＿＿＿＿＿＿＿

(2)喷墨打印机安装完成后,写出喷墨打印机开机自检的具体方法。

方法 1:＿＿＿＿＿＿＿＿＿＿＿＿＿＿＿＿＿＿＿＿＿＿＿＿＿＿＿＿＿＿＿＿＿

方法 2:＿＿＿＿＿＿＿＿＿＿＿＿＿＿＿＿＿＿＿＿＿＿＿＿＿＿＿＿＿＿＿＿＿

方法 3:＿＿＿＿＿＿＿＿＿＿＿＿＿＿＿＿＿＿＿＿＿＿＿＿＿＿＿＿＿＿＿＿＿

3.安装激光打印机

现以惠普 HP LaserJet 1020 打印机为例,说明激光打印机的安装方法。

安装步骤如下:

(1)取下包装材料。

(2)安装光导体硒鼓。

①取出硒鼓。

②用力来回晃动硒鼓,使色粉均匀分布。

③拉出硒鼓侧面的密封胶带。

④打开打印机顶盖,拿住硒鼓手柄,使硒鼓的两端滑入打印机中的黑色塑料凹槽内,用力将其推入到位,然后合上打印机端盖,如下图所示。

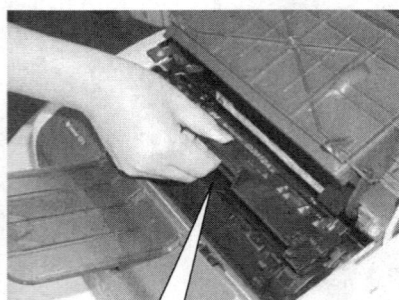

放入硒鼓　　　　　　　　　　　　将硒鼓放入正常位置

(3)连接打印机的电缆和电源线。

①将 USB 电缆连接至打印机。

②使用随打印机提供的电源线,将打印机连接至接地的电源插座上。

激光打印机的驱动程序安装与喷墨打印机驱动程序安装类似,在此不再叙述。

三、打印机自检

打印机连接好数据线、电源线,安装驱动程序后,开启电源,进行打印机自检。

1.针式打印机(以爱普生 EPSON LQ-1600KⅢ为例)

（1）开机,观察针式打印机打印头启动、从左至右移动归位,面板上电源指示灯常亮,连接指示灯是否正常。

（2）打印自检测试页。

①先按住"换行/换页"键。

②打开打印机的电源开关,打印机进入自检方式。

③放入宽度不小于 360 mm 的打印纸,打印机会自动装入,并开始自检打印。

④临时停止打印时,按"暂停"键。

⑤要结束打印,关闭打印机电源。

2.喷墨打印机（以 HP Deskjet 3820/5168/5550/5652/6122 为例）

HP Deskjet 6122　　　　　　　　　HP Deskjet 5652

（1）开机,观察针式打印机喷墨头启动、从左至右移动归位,面板上电源指示灯常亮,连接指示灯由亮到暗的闪烁过程属正常。

（2）打印自检测试页。

①打开打印机电源开关。

②按住"恢复(进纸)"按钮,直至打印机开始打印(大约 5 秒钟),松开"恢复"按钮运行诊断测试。

③按住"电源"按钮的同时,连续按 8 次"取消"按钮,再连续按 4 次"送纸(恢复)"按钮,这时会进纸打印一张诊断测试样张。

3.激光打印机（以 HP 1020 为例）

激光打印机完成连接、安装后,可根据面板指示灯状态判断打印机是否正常,如下表所示。

指示灯类型	指示灯状态	打印机正常指示灯状态
"注意"指示灯:表明打印机进纸盘已空、打印碳粉盒端盖打开、没有打印碳粉盒或者其他错误	表示指示灯灭	打印机初始化(自检) / 正在进行打印机初始化(自检)
"就绪"指示灯:表明打印机已准备好打印	表示指示灯亮	打印机准备就绪 / 打印机可以进行打印
	表示指示灯闪烁	正在处理数据 / 打印机正在接收或处理数据,等待作业打印

33

【做一做】

（1）观看教师安装激光打印机，注意安装操作步骤。

（2）比较几种打印机的安装环节，完成下表内容。

打印机类型	安装操作相同点	安装操作不同点	备　注
针式打印机			
喷墨打印机			
激光打印机			

任务三　使用打印机打印文稿

　　当文稿编辑完后，在打印之前，应对纸张大小、文稿区域、页眉和页脚、页码、页面边框等进行设置，通过预览观察效果，效果满意后即可打印。

一、设置文稿页面

　　在"文件"菜单中选择"页面设置"，打开"页面设置"对话框，如下图所示。

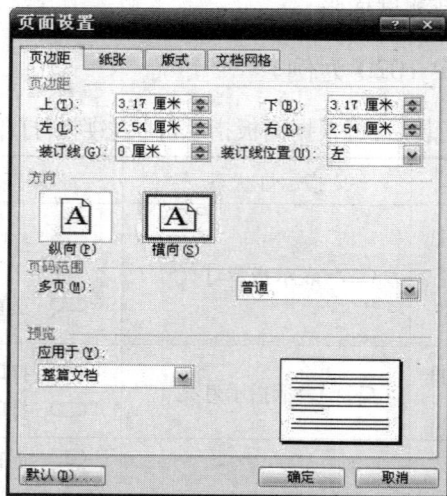

1.设置页边距

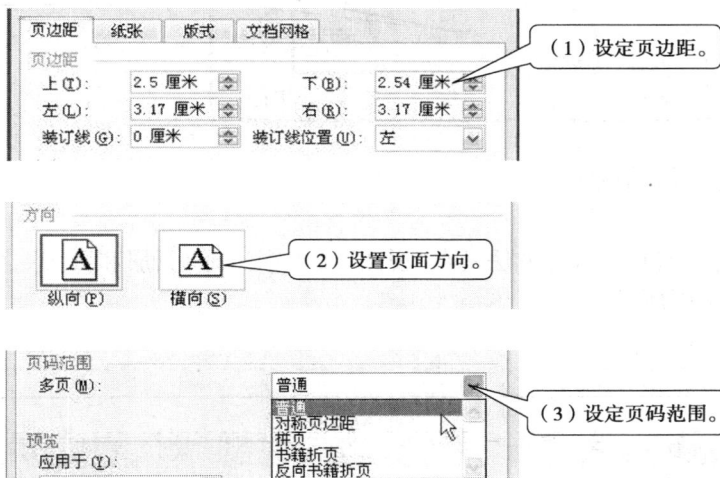

（1）设定页边距。

（2）设置页面方向。

（3）设定页码范围。

2.设置纸张

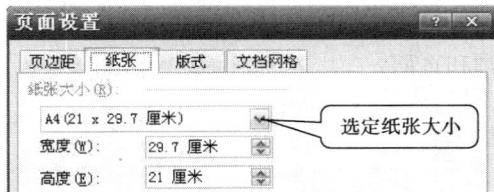

选定纸张大小

【想一想】

文稿打印前,页面设置要点。

要点 1 : _____

要点 2 : _____

要点 3 : _____

二、插入页码

（1）在"插入"菜单
中选择"页码"。

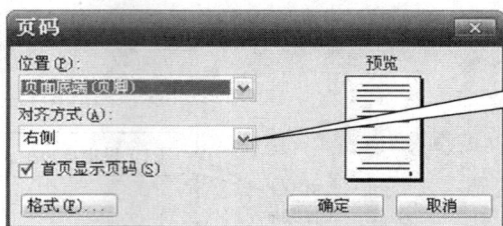

（2）设置页码位置。

三、插入页眉和页脚

设置文档的页眉和页脚的方法是在"视图"菜单中选择"页眉和页脚"，然后设置页眉和页脚的格式，如下图所示。

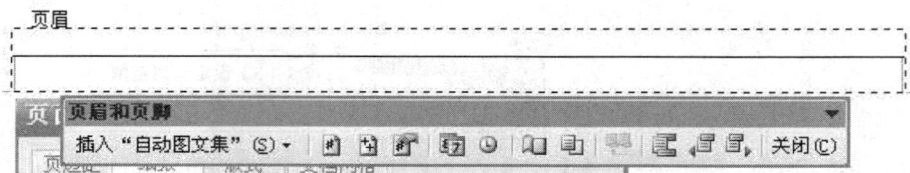

【想一想】

文稿打印前怎样插入页码、页脚和页眉？

【做一做】

上机操作，写出操作方法。

插入页码：＿＿＿＿＿＿＿＿＿＿＿＿＿＿＿＿＿＿＿＿＿＿＿＿＿＿＿＿＿＿＿

插入页脚：＿＿＿＿＿＿＿＿＿＿＿＿＿＿＿＿＿＿＿＿＿＿＿＿＿＿＿＿＿＿＿

插入页眉：＿＿＿＿＿＿＿＿＿＿＿＿＿＿＿＿＿＿＿＿＿＿＿＿＿＿＿＿＿＿＿

四、打印前预览

如果想看前面设置的文稿页面、插入页码、页眉和页脚的效果，可以单击"常用"工具栏中的"打印预览"按钮 ，如下图所示；或者选择"文件"菜单中的"打印预览"命令。

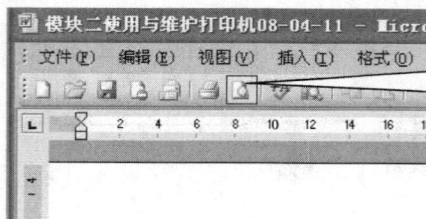

单击"打印预览"按钮

这时，屏幕上出现"打印预览"窗口，如下图所示，为文稿所排版面。如要进行局部放大，选择工具栏上"预览放大镜"按钮 ;如果要进行单页或多页浏览,分别选择"单页预览"按钮 或"多页预览"按钮 。预览完毕,单击"关闭"按钮 关闭(C) ,即可恢复正常文稿显示。

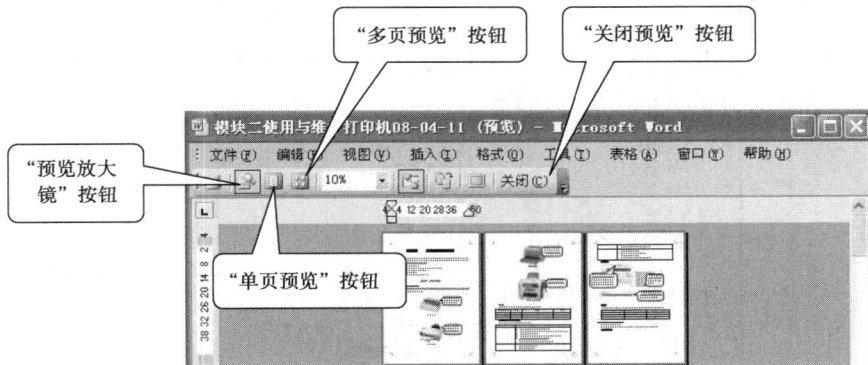

"多页预览"按钮

"关闭预览"按钮

"预览放大镜"按钮

"单页预览"按钮

友情提示

◆ 打印文稿前,应先进行预览,然后再打印;打印时,应先打印第一张,符合排版要求,再打印其余部分文稿。

五、打印

在"文件"菜单中选择"打印"命令,出现"打印"对话框;也可以单击"常用"工具栏中的"打印"按钮 ,即可完成打印。在"打印"对话框中可以设置打印机属性、打印范围、打印份数和必要的选项等。完成所有设置后单击"确定"按钮。

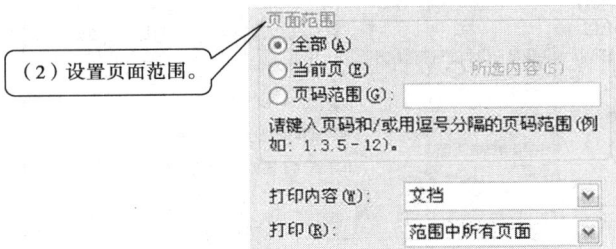

(1)设置打印属性。

(2)设置页面范围。

（3）设置打印选项。

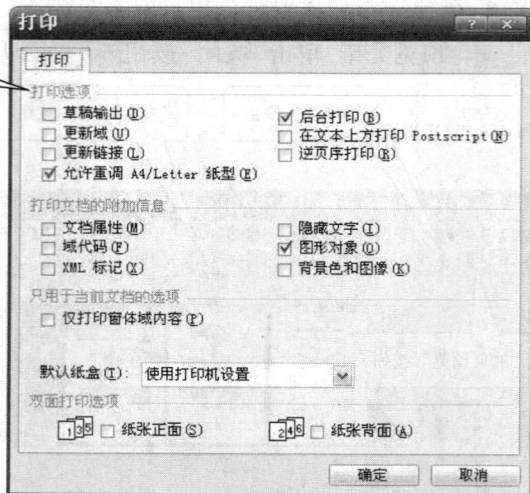

（4）设置打印份数。

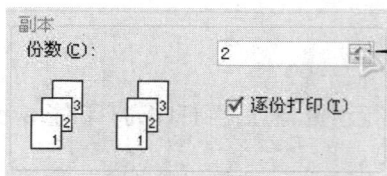

六、打印指定页码

单击"常用"工具栏中的"打印"按钮，即可将当前文稿按默认方式全部打印出来。但是如果仅想打印文档的某一部分，或者需要设置其他的选项，可以使用"打印"命令来进行设置。

1.打印当前页文稿

选择"文件"菜单中的"打印"命令，在"打印"对话框进行设置，如下图所示。

（1）选中"当前页"。

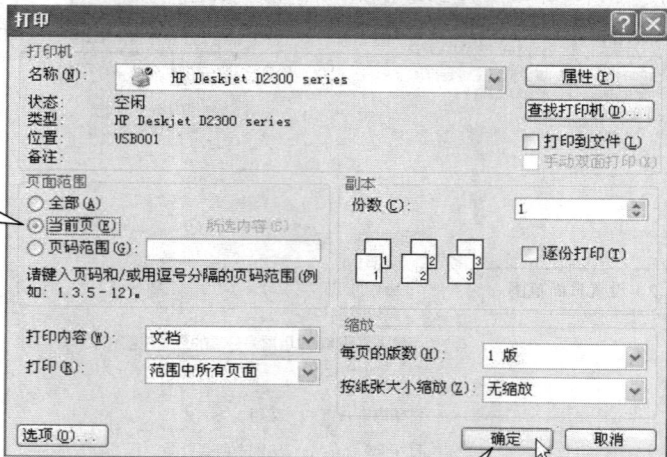

（2）单击"确定"按钮。

38

2.打印指定页码

在"打印"对话框中选中"页码范围"单选按钮,在右则的文本框中输入想要打印页的页码,用"-"表示连续页,用","表示分离页。例如,输入"27-30"表示打印第 27 页至第 30 页;输入"27,30"表示打印第 27 页和第 30 页。

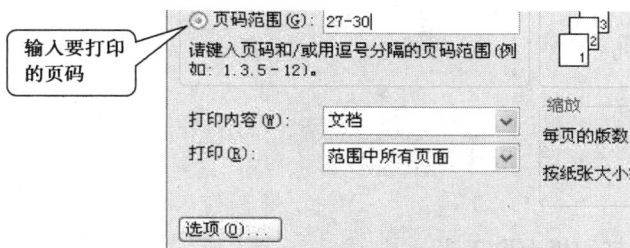

单击"确定"按钮,即可按照要求打印文稿。

【想一想】

(1)如果是彩色打印机,要求打黑白稿,怎么办?

(2)双面打印如何操作?

(3)文稿需要打印 10 份,应如何操作?

(4)"教师节"到了,给老师写一封信,要求信封用打印机打印,应如何操作?

【做一做】

上机操作,回答问题。

(1)页面设置的项目主要有哪些?

(2)需打印的文稿输入排版完后,还应该有哪些操作? 写出操作步骤。

任务四　安装打印耗材

一、针式打印机

1.更换色带

操作步骤如下：

（1）把色带架从打印机上取下来。

（2）打开色带架，把废的色带取下。小心不要把小配件取下来弄丢了。

（3）把色带卡子取下来，记住安装位置，以免装反。

（4）把新色带的塑料包装打开，盒子不要急着取下。

（5）把新色带连盒反扣于色带架盒内，拿开包装盒。

（6）色带被打印头击打的部分不能扭转。

（7）把色带架放在原来的位置上卡好，盖上盖子。

2.安装色带架

友情提示

◆ 在安装色带前，要确认打印机为关机状态。

【做一做】

观察色带架结构，说出它的安装要点。

二、喷墨打印机

墨盒按颜色有单色和彩色之分；按结构有分离式和一体式两种。墨水用完，打印软件将给予提示。

若是添加墨水，在注墨之前，应检查灌装工具是否齐备，如下图所示。

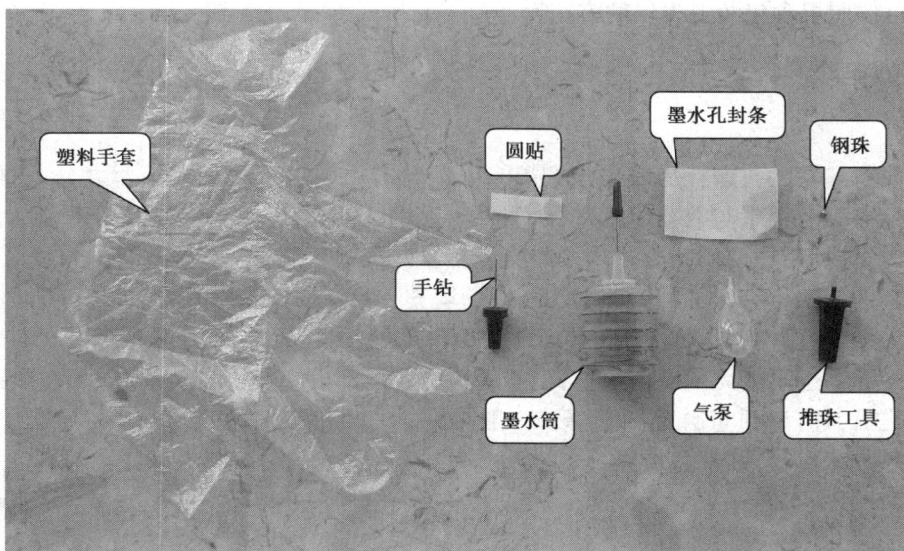

具体操作步骤如下：

（1）先将注墨孔上的封口贴片揭掉,再用推珠工具的细端将注墨孔中的钢珠压入盒内。

（2）取下墨水筒上的橡胶帽,将墨水筒嘴部套入短针头并压紧。

（3）先将螺母扣入墨水筒顶部,再把墨水筒插入注墨孔,并将螺杆旋入螺母孔。

（4）慢慢挤压,直至墨水全部注入墨盒。

（5）取下墨水筒,将一个新钢珠放在注墨孔中,并用推珠工具的粗端轻压钢珠至与孔口平齐,然后贴上圆形贴片。

（6）将墨盒的出墨嘴贴紧橡胶键,用力压墨盒尾部,使之卡入保护夹内。

（7）取下空墨水筒的短针,将墨水筒的嘴部插入橡胶键孔中并压紧。反旋螺杆使活塞上弹,吸入 2~3 mm 高的墨水,然后轻轻取出墨水筒。

（8）最后,用干净纸巾擦尽墨污即可装机待用。

至此,墨水灌装的全部过程结束,打印机又能重新工作了。

实际上,按照品牌的不同,各墨盒的注墨方法也不同。相关的墨水灌装的方法可在网上查找,也可按照墨盒包装上提供的方法操作。

友情提示

◆ 喷墨打印机的打印耗材有墨水和墨盒。墨盒有原装墨盒和兼容墨盒之分,同样墨水也有原装墨水与兼容墨水之分,如果墨水用量较大,可使用连续供墨系统。在购买时,依据用户使用喷墨打印机产品类型、型号、颜色等参数,选择打印机耗材。

◆ 购买的墨水带有详细的说明书和相应的填充工具——用于戳孔的针和用于灌墨水的注射器,用户自行将墨水注入用过的原装墨盒中即可放回机器中使用。不过原装的墨盒也不能无限次的填充,由于墨盒的各个部件会发生自然的磨损,在多次填充之后其打印质量会逐渐下降。一般来说,一个原装墨盒可以填充3~4次,当然如果方法得当,其寿命可更长。

【做一做】

观察老师安装墨盒,记录安装墨盒的步骤及注意事项。

三、激光打印机

激光打印机使用的打印耗材是硒鼓。硒鼓有单色和彩色之分。硒鼓有一体式硒鼓和分立式硒鼓。为保证打印质量应尽量采取整体更换硒鼓。为节约资金,市面上提供了向硒鼓灌入碳粉,重新使用的办法,但打印质量不很理想。

更换硒鼓时要与原装硒鼓的类型、型号一致。硒鼓有3种:原装硒鼓、兼容硒鼓和再生硒鼓。

【想一想】

教师办公室的激光打印机需更换硒鼓,应如何操作?

【做一做】

(1)在针式打印机上安装色带。
(2)给喷墨打印机的空墨盒加注墨水。

任务五　保养与维护打印机

一、保养打印机

1.打印机使用时的注意事项

（1）打印机不用时要关掉电源。

（2）打印机上面不要放置其他物品。

（3）打印机长期闲置不用时要经常通电，以免内部受潮。

2.打印机的清洁

（1）保持打印机表面清洁。

（2）保持机内清洁：定期扫除机内的纸屑和灰尘；清除机内的光敏传感器和反射式光电耦合器上的纸屑和灰尘；用软布蘸酒精清洁打印辊，使其平滑。

【做一做】

学生分组为教师打印机进行保养。

二、维护打印机

1.针式打印机

（1）保证打印机正常的工作环境。

（2）注意电源的使用。

（3）保持清洁。

（4）选择高质量的色带。

（5）定期清洗打印头。

（6）尽量减少打印机空转。

（7）尽量避免打印蜡纸。

（8）不用打印机时，要关掉电源，以免缩短打印机寿命。

（9）打印机与计算机主机的连接电缆应在关掉电源的状态下拔插，决不能带电拔插（USB 接口除外）。

（10）在打印过程中，严禁人为地转动压纸滚筒，以免断针。

43

（11）打印时，要根据所用纸的厚度调节打印纸厚调整杆。

2.喷墨打印机

（1）注意事项

①新墨盒如果暂时不使用，一定要出墨口向下放置。

②墨盒一旦安装，在未使用完之前建议不要取出并重复使用。

③一旦打印机显示墨尽，要尽快更换墨盒。

④不使用的喷墨打印机，至少每星期开机一次，避免因墨水挥发造成打印头堵塞。

⑤尽量避免连续打印时间过长（尤其是彩色样张打印），以免引起打印头过热。

⑥关机前，让打印头回到初始位置（打印机在暂停状态下，打印头自动回到初始位置）。

⑦部分打印机在初始位置时是处于机械锁定状态，此时不要人为移动打印头来更换墨盒，以免引起故障。

⑧更换墨盒一定要按照操作手册中的步骤进行，一定要在电源断开的状态下进行。

⑨在插拔打印机电源线及打印电缆时，一定要在关闭打印机电源的情况下进行。

⑩墨盒在长期不使用时应置于室温下，并且避免日光直射。

友情提示

◆ 喷墨打印机的墨水具有导电性，若漏洒在电路板上应使用无水酒精擦净晾干后再通电，否则将损坏电路元件。

◆ 不得带电拆卸喷头，不要将喷头置于易产生静电的地方，拿取喷头时应拿其金属部位，以免因静电造成喷头内部电路损坏。

◆ 不可用嘴向喷头内其他墨水管路内吹气，以防唾液玷污管路内部而影响墨水畅通。

◆ 打印机墨水的使用温度为$-10\sim+35\ ℃$，当环境温度低于$-10\ ℃$时，打印机墨水可能会冻结；当环境温度高于$35\ ℃$时，也可能影响墨水的化学稳定性。

【做一做】

试着用以下方法清洁打印机内部。

用沾有无水酒精的软布擦拭清洁导轨，如下图所示。

（2）用软件维护墨盒

　　喷墨打印机在使用过程中,墨盒要维护。墨盒维护可使用打印机驱动程序附带的维护软件。维护软件界面如下图所示。

● 检查墨水

　　喷墨打印机使用过程中,打印效果有显著变化,可通过维护软件查看墨水盒里的墨水状况,如下图所示。

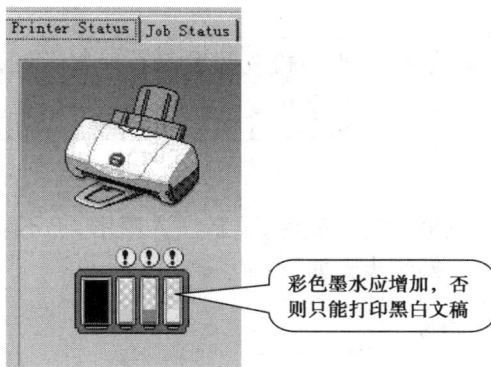

彩色墨水应增加,否则只能打印黑白文稿

45

● 清洗喷嘴、滚筒

喷墨打印机随着环境变化,或者使用后暂停等原因,喷嘴会发生堵塞现象,可采用喷墨打印机维护软件清洗喷嘴;喷墨打印机长期使用在滚筒上会出现墨汁,可使用滚筒清洗,如下图所示。

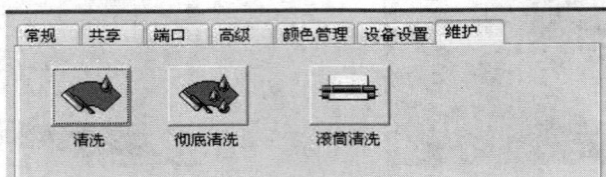

● 检查喷嘴

喷嘴检查图案用于确定打印头喷嘴是否能够正确地喷出墨水,以及墨盒的打印头是否校调正确。其操作步骤如下:

①单击"喷嘴检查"图标 。

②当出现确认信息时,确保已在打印机中装入纸张,打印机已开启。

③单击"确定"按钮,打印头清洗便会开始。

④清洗大约需要 40 s,完毕后,电源灯将会停止闪烁。

⑤打印"喷嘴检查图案"以确保打印头清洗完成,如下图所示。

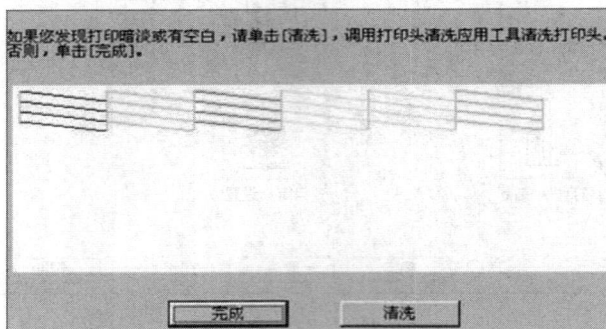

友情提示

◆ 如果经过 5 次打印头清洗后,喷嘴检查图案仍不理想,表示打印头可能已损耗,必须更换墨盒。

● 检查打印头校准

喷墨打印机长期使用或墨水使用完后,重新注入墨水,仍不能正常打印,这时可使用维护软件里的打印头校准。其操作步骤如下:

①单击"打印头校准"图标 。

②检查结果如下图所示。

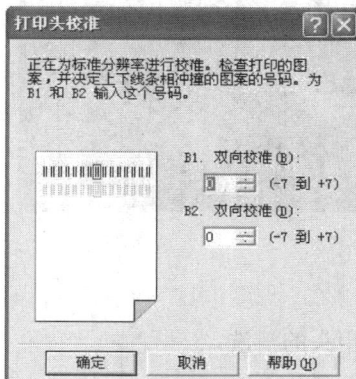

友情提示

◆ 使用"喷嘴检查"进行检查,若缺某根斜线则还有堵塞,应按"清洗"进行清洗。
◆ 清洗打印头可以清洁喷嘴,但会耗用墨水,因此在必要时才清洗打印头。

（3）清洗打印头

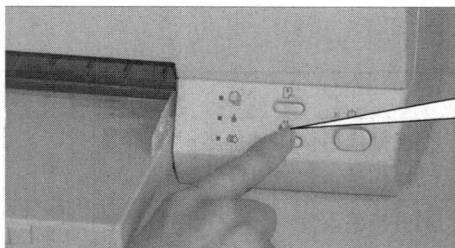

方法1：按打印机面板上的"重复清洁打印头"按钮。

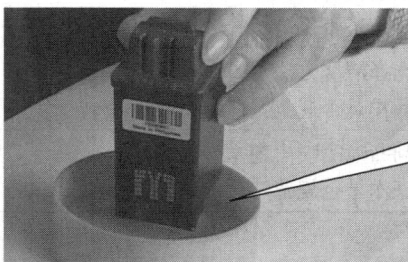

方法2：堵塞较轻时,卸下墨盒并将喷头部位浸入无水酒精中,浸泡时间控制在30分至1小时。

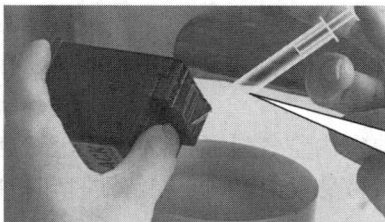

方法3：用无水酒精浸泡外,还要使用针管进行喷射性疏通。

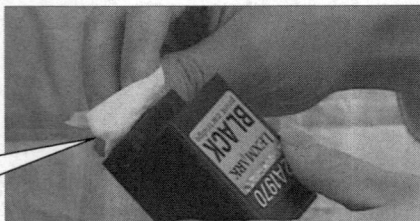

疏通完毕后，用脱脂棉将残留的酒精吸干或用吹风机加快残留酒精挥发。

【做一做】

更换打印机墨盒及进行打印头的清洗。

（1）目的要求

正确掌握墨盒的更换方法及打印头的清洗方法。

（2）工具及器材

计算机、喷墨打印机（型号不限）、A4 打印纸等。

（3）操作内容

在教师指导下，按正确步骤和操作规范进行。

- 更换墨盒；
- 更换墨水盒；
- 清洗打印头；
- 打印喷嘴检查图案。

项　　目	要　　求	出现的情况
更换墨盒	①区分换墨盒还是换墨水盒 ②操作是否规范	
更换墨水盒	①更换墨水盒 ②墨水盒排列顺序 ③操作是否规范	
清洗打印头	①选择清洗方法 ②操作是否规范	
打印喷嘴检查图案	①判断喷嘴喷出墨水是否合适 ②操作是否规范	

3.激光打印机

激光打印机型号多，有特殊的工作原理，因此，它的使用和维护也有特别的要求。

（1）激光打印机的使用要求

①好的工作环境。使用时注意工作室内空气流通，保护操作者的身体健康。激光打印机内部易受到墨粉污染，外部环境不好，易受灰尘影响。在清洁打印机以前，应切断电源，清洁工作由外部到内部逐一清理。

②好的操作习惯。打印机持续打印时间不宜过长;打印过程中,不要随意打开机盖或挪动打印纸;若需要停止打印工作,先将打印介质取出,然后在"打印属性"对话框里取消打印,如下图所示。

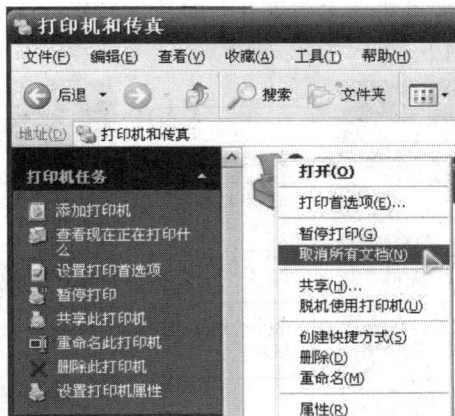

（2）激光打印机常见问题

• 打印输出字迹偏淡、露白轨线、丢失内容等

故障分析:由墨盒内的碳粉过少或硒鼓老化造成。

解决方法:如下图所示,双手拿硒鼓,顺着箭头的方向晃动使硒鼓内碳粉均匀分布,或者更换硒鼓。

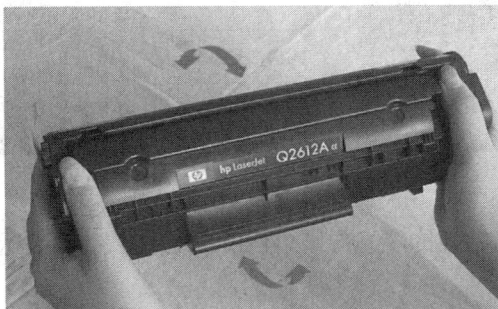

• 打印输出文稿不正常

故障分析:打印设置不当。

解决方法:碳粉浓度设定过淡或打印模式处于经济模式,重新设置浓度或取消经济模式,如下图所示。

• 打印过程中出现进纸多页、卡纸、纸张折叠状卷曲

故障分析:定影器内有异物或压紧盖板不良,引起纸张全部卷入;输纸通道有异物,导致卡纸故障。

解决方法:检查分离爪是否有损坏;检查纸感应器是否状态良好;检查输纸通道是否有熔化墨粉聚积;尽量不用伪劣炭粉和劣质纸并及时清洁纸辊。

打印机卡纸处理方法如下:

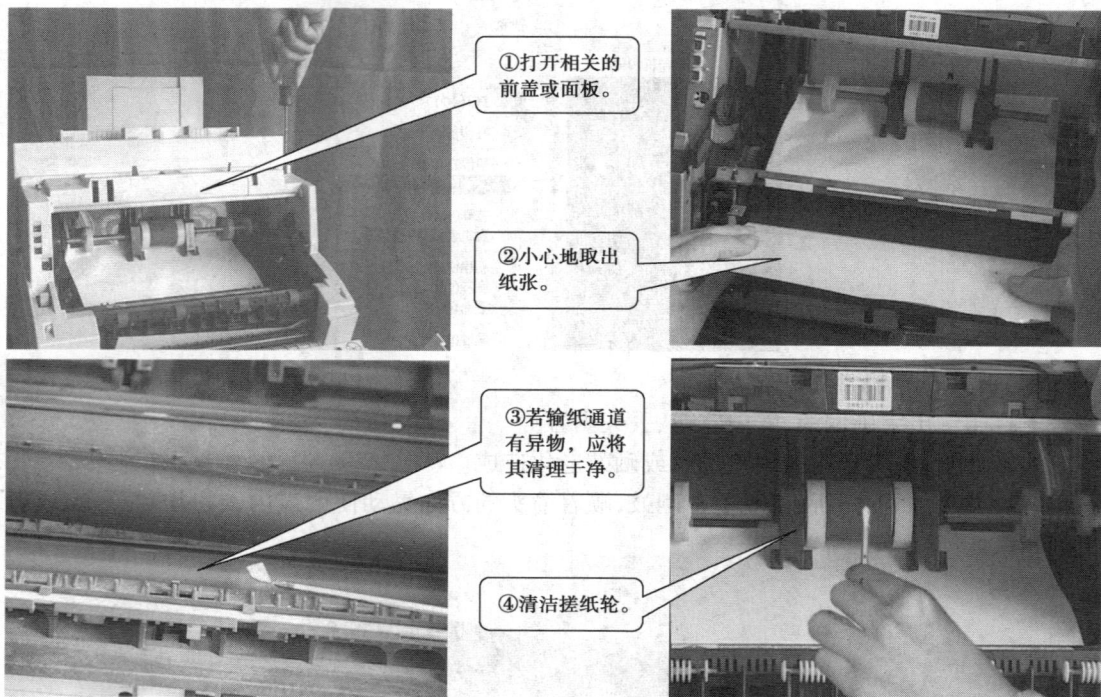

①打开相关的前盖或面板。

②小心地取出纸张。

③若输纸通道有异物,应将其清理干净。

④清洁搓纸轮。

(3)硒鼓的保养

由于激光打印机的成像是依靠光导鼓的曝光,因此,要特别注意硒鼓内的感光鼓不要长期暴露在强光环境中。

友情提示

◆ 不要使硒鼓直接暴露在阳光或其他强光源之下。
◆ 不要在强光下更换硒鼓,应该尽可能快地完成安装过程。
◆ 当把硒鼓从打印机上移走,请立刻把它放回包装盒或用较厚的软麻布包起来。
◆ 如果硒鼓来自寒冷的地方,那么移到温暖的地方时,应搁置1个小时或更长时间再使用。
◆ 硒鼓挡光板屏蔽外部的光源,以保护感光硒鼓,不要打开硒鼓挡光板。
◆ 不要用手碰感光鼓的表面,要防止硒鼓表面被硬物划伤。
◆ 不要把硒鼓放置在高温、高湿度的地方。
◆ 确保硒鼓远离显示器、硬盘驱动器或任何其他有磁性的物质。

【做一做】

激光打印机常见故障的排除及机器的维护。

(1)目的要求

能够解决打印机自检、卡纸、清洁等问题。

(2)工具及器材

计算机、激光打印机、A4 打印纸等。

(3)操作内容

- 打印机打印自检页；
- 清除卡纸；
- 清洁打印机；
- 维护光导体硒鼓。

(4)实验记录

项 目	要 求	出现的情况
打印机自检	①开启电源 ②指示灯显示 ③打印测试页操作	
清除卡纸	①清除进纸区域的卡纸 ②清除内部区域的卡纸 ③无法进纸的处理	
清洁打印机	①断开打印机电源 ②清洁用布的正确使用 ③打印机内部清洁	
维护光导体硒鼓	①经济方式选择 ②拆装光导体硒鼓 ③重新分布色粉操作	

自我测试

一、笔答题

1.填空题

(1)下图是打印机结构图,请写出相关部件的名称。

①打印机前面板图

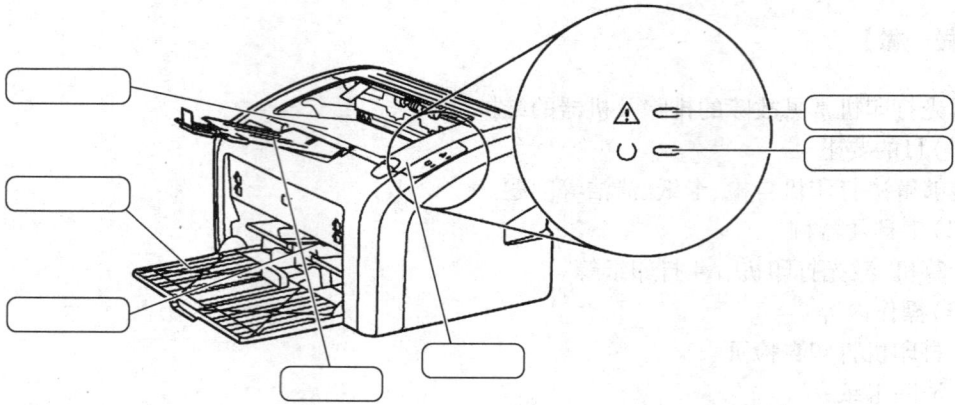

②打印机后面板图

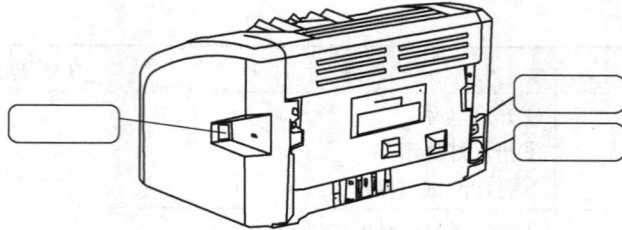

（2）在下图中，写出针式打印机的基本组成部件。

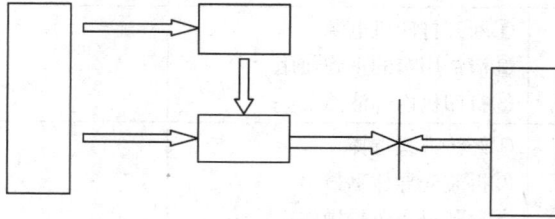

（3）在下面图中，分别写出打印机的数据接口的名称。

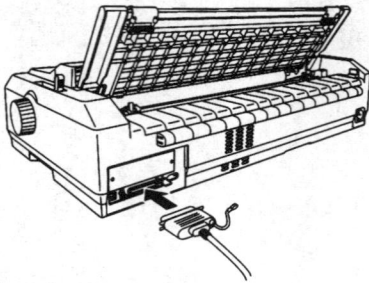

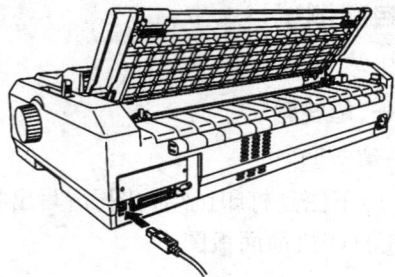

2.选择题

（1）以下外部设备中，（   ）是输入设备。

    A.硬盘驱动器　　　　B.打印机　　　　C.喷墨打印机　　　　D.键盘

(2)下面几种打印机中,打印质量最好的是(　　)。

　　A.针式打印机　　　　B.点阵打印机　　　C.喷墨打印机　　　　D.激光打印机

(3)打印机和 PC 机之间是通过一根电缆连接的,其中有一种打印机与 PC 机连接的一端有(　　)针。

　　A.40　　　　　　　　B.36　　　　　　　C.30　　　　　　　　D.25

(4)以下外部设备中,(　　)是输出设备。

　　A.硬盘驱动器　　　　B.打印机　　　　　C.磁带机　　　　　　D.键盘

(5)喷墨打印机与针式打印机相比,最突出的优点是(　　)。

　　A.分辨率高　　　　　B.噪声低　　　　　C.易于实现彩色化　　D.价格便宜

(6)以下打印机中,(　　)打印机能一次打印几份拷贝。

　　A.激光　　　　　　　B.喷墨　　　　　　C.针式　　　　　　　D.热转印

(7)以下打印机中,(　　)不是击打式打印机。

　　A.9 针式打印机　　　B.24 针式打印机　C.激光打印机　　　　D.菊花轮打印机

(8)若要快速打印分辨率高、无噪声且高质量的文件,可以选用下面哪种打印机?
(　　)

　　A.EPSON LQ-1900K2+　　　　　　　B.松下 KX-P1121

　　C.EPSON LQ-1600K　　　　　　　　D.HP Laser jet 1100

(9)(　　)不是目前市场打印机的主要接口类型。

　　A.USB　　　　　　　B.IEEE1394　　　C.并行接口　　　　　D.串行接口

(10)针式打印机最多能完成(　　)份复写能力。

　　A.3 份(1 份原件+2 份拷贝)　　　　　B.4 份(1 份原件+3 份拷贝)

　　C.6 份(1 份原件+5 份拷贝)　　　　　D.5 份(1 份原件+4 份拷贝)

3.判断题

(1)打印机是热插拔输入设备。　　　　　　　　　　　　　　　　　　　　(　　)

(2)目前,打印机的数据输入端口是 LPT 接口。　　　　　　　　　　　　(　　)

(3)在各种打印机类型中,激光打印机的打印速度最快。　　　　　　　　(　　)

(4)目前,喷墨彩色打印机最多有 8 种颜色的墨水。　　　　　　　　　　(　　)

(5)激光打印机的耗材是硒鼓。　　　　　　　　　　　　　　　　　　　(　　)

4.简答题

(1)简述喷墨打印机的分类方法。

(2)喷墨打印机有哪些特点?

(3)简述喷墨打印机的基本组成与结构。

(4)如何选购喷墨打印机及耗材?

(5)如何更换墨盒? 更换时有哪些注意事项?

(6)如何正确使用激光打印机?

(7)如何处理激光打印机的常见故障?

(8)一台打印机出现了字迹偏淡、露白轨线、丢失符号等问题,试简要分析几种可能引发这种问题的原因,并提出解决方案。

(9)分别说明打印机的两个指示的作用(以 HP1020 为例)。

53

二、操作实践题

1.针式打印机

1)针式打印机的安装与使用

(1)目的要求

熟悉针式打印机的基本结构,并能进行正确的安装和使用。

(2)工具和器材

①工具:十字螺丝刀、尖嘴钳等。

②器材:计算机、针式打印机。

(3)训练内容

①打印机零件的确认:打开包装,清点所给零件是否齐全,根据实物写出名称,并填入下表。

针式打印机配件清单

序号	1	2	3	4	5	…
名称						

取下所有的保护材料,并妥善保存,以备下次运输包装时使用。

②打印机的安装:在教师的指导下,按正确步骤和操作规范进行安装。

③测试打印机。

④使用单页纸打印。

⑤使用连续纸打印。

(4)测试项目

项目测试表

项　目	操作项目	操作结果(用√或×表示)	备　注
零件识别	写出各零件的名称		
打印机的安装	①安装卷轴旋钮 ②安装色带 ③放置导纸器 ④掌握自检运行步骤 ⑤正确调整装纸位置 ⑥操作是否规范		
使用单页纸和连续打印	①掌握单页纸打印 ②掌握连续纸打印 ③操作是否规范		
测试打印机	操作步骤是否正确		
指示灯的使用	对指示灯的功能判断是否正确		
安全规范	要求正确口述		

2)针式打印机的日常维护(一)

(1)目的要求

①熟悉打印机的使用环境。

②掌握打印色带更换的方法。

(2)工具及器材

①工具:十字螺丝刀、扳手等。

②仪器:针式打印机。

(3)训练内容

①打印机的使用环境。

②更换打印色带:在教师指导下,按正确步骤和操作规范进行更换。

(4)测试项目

项目测试表

项　目	操作项目	操作结果(用√或×表示)	备　注
选择打印机的使用环境	①打印机的放置位置是否合适 ②供电电源及插头是否选择正确		
打印色带的更换	①掌握取出旧色带的方法 ②掌握更换新色带的方法 ③操作是否规范		

3)针式打印机的日常维护(二)

(1)目的要求

掌握打印机的清洁方法。

(2)工具及器材

工具:无水酒精、盛酒精的容器,以及高级机油、柔软的小刷子、医用棉花等。

器材:针式打印机。

(3)训练内容

在教师指导下,按正确步骤的操作规范进行。

①清洁打印机的整机。

②清洗打印头。

③润滑打印头。

（4）测试项目　　　　　　　项目测试表

项　目	操作项目	操作结果（用√或×表示）	备　注
清洁打印机整机	①机内清洁 ②机外清洁 ③打印辊清洁 ④操作是否规范		
清洗打印头	①根据正确的操作步骤清洗打印头 ②操作是否规范		
润滑打印头	①润滑打印头 ②检查是否有漏掉的部件 ③操作是否规范		

2.喷墨打印机

1）喷墨打印机的安装与使用

（1）目的要求

熟悉喷墨打印机外形的基本结构，并能进行正确安装和使用。

（2）工具及器材

计算机、Canon S400SP 打印机或其他喷墨打印机、A4 打印纸等。

（3）训练内容

①打印机零件的确认：打开包装，清点所给零件是否齐全，根据实物写出名称，并填入下表中。

喷墨打印机清单

序号	1	2	3	4	5	…
名称						

取下所有的保护材料并妥善保存，以备下次运输包装时使用。

②打印机的安装：在教师指导下，按正确步骤和操作规范进行调校。

（4）测试项目

项目测试表

项　目	操作项目	操作结果（用√或×表示）	备　注
零件识别	写出零件名称		
安装打印机	①连接电源 ②安装墨盒 ③安装墨水盒顺序 ④选择纸张厚度 ⑤安装打印机数据线 ⑥操作是否规范		
安装打印驱动程序	安装打印驱动程序		
调校打印头	正确调整其位置		
安全规范	要求正确口述		

2）墨盒的更换与打印头的清洗

（1）目的要求

掌握墨盒的更换方法和清洗打印头。

（2）工具及器材

计算机、Canon S400SP 打印机或其他喷墨打印机、A4 打印纸等。

（3）训练内容

在教师指导下，按正确步骤和操作规范进行更换。

①更换墨盒。

②更换墨水盒。

③清洗打印头。

④打印喷嘴检查图案。

（4）测试项目

项目测试表

项　　目	操作项目	操作结果（用√或×表示）	备　　注
更换墨盒	①正确区分换墨盒或墨水盒 ②操作是否规范		
更换墨水盒	①更换墨水盒时是否将墨水洒出 ②按正确排列顺序安装墨水盒 ③操作是否规范		
清洗打印头	①正确选择清洗方法 ②操作是否规范		
打印喷嘴检查图案	①检查判断喷嘴打印图案 ②操作是否规范		

3）打印机常见故障的处理

（1）目的要求

解决打印机质量差、卡纸及不走纸等问题。

（2）工具及器材

计算机、Canon S400SP 打印机或其他喷墨打印机、A4 打印纸等。

（3）训练内容

①分析和解决打印质量不好的问题。

②分析和解决打印机卡纸或不走纸的问题。

（4）测试项目

项目测试表

项 目	操作项目	操作结果（用✓或×表示）	备 注
打印质量不好	①分辨打印纸是否合格 ②喷嘴沾污或阻塞时，正确清洗或更换喷头 ③墨盒中墨水用完，正确更换 ④输纸辊沾污，正确清洁 ⑤正确判断清洗系统产生故障 ⑥操作是否规范		
打印机卡纸或不走纸	①分辨打印纸是否合格 ②会检查送纸路径情况 ③正确检查送纸传感器		

3.激光打印机

1）激光打印机的安装与使用

（1）目的要求

熟悉激光打印机外形的基本结构，并能进行正确地安装和使用。

（2）工具及器材

计算机、惠普 HP1020 打印机或其他激光打印机、A4 打印纸等。

（3）训练内容

①确认及识别打印机的零部件。

打开包装，清点所给零件是否齐全，根据实物写出名称，并填入下表中。

激光打印机部件清单

序号	1	2	3	4	5	…
名称						

取下所有的保护材料并妥善保存，以备下次运输包装时使用。

②安装打印机。

③使用打印机。

（4）测试项目

项目测试表

项 目	操作项目	操作结果（用✓或×表示）	备 注
确认及识别零部件	写出相关零部件名称		
打印机的安装	①安装硒鼓 ②安装电源线 ③操作是否规范		
使用打印机	①根据控制面板指示灯是否正确，判断打印机状况 ②选择纸张 ③操作是否规范		

2）激光打印机常见故障的排除及维护

（1）目的要求

能够解决打印机自检、卡纸、清洁等问题。

（2）工具及器材

计算机、惠普 HP1020 打印机或其他激光打印机、A4 打印纸等。

（3）训练内容

①打印机打印自检页。

②清除卡纸。

③清洁打印机。

（4）测试项目

项目测试表

项　　目	操作项目	操作结果（用√或×表示）	备　注
打印机打印自检页	按步骤操作打印机自检		
清除卡纸	①清除进纸区域的卡纸 ②清除内部区域的卡纸 ③处理无法进纸		
清洁打印机	①断开打印机电源 ②清洁用布不能过湿 ③打印机内部清洁 ④操作是否规范		

模块三

使用与维护扫描仪

扫描仪作为一种获取信息的办公设备,主要用于成品文稿或图像的输入。本模块的主要内容包括:扫描仪基础、扫描仪的连接与安装、使用扫描仪扫描图像与文档、使用文字识别软件 OCR 输入文档、维护扫描仪。

通过本模块的学习,你将能够:

◆了解扫描仪的基本组成;

◆了解扫描仪的分类和技术指标;

◆会使用扫描仪;

◆会使用 OCR 识别软件;

◆会维护扫描仪。

任务一　认识扫描仪

　　扫描仪是将传统纸张或图片记录的图形、图像信息以数字形式输入到计算机中的设备。它拓展了计算机的应用空间,将计算机在数字处理以及文本格式化等方面的优势发挥得更加充分。

　　随着人们需求水平的提高和计算机桌面彩色制作系统的不断发展,世界上许多印刷设备制造商研发出了不同档次的扫描仪,以供人们需要。

一、扫描仪的分类

　　(1)扫描仪按价格分类,有低档扫描仪、中档扫描仪、高档扫描仪,适用于不同用户的需求。

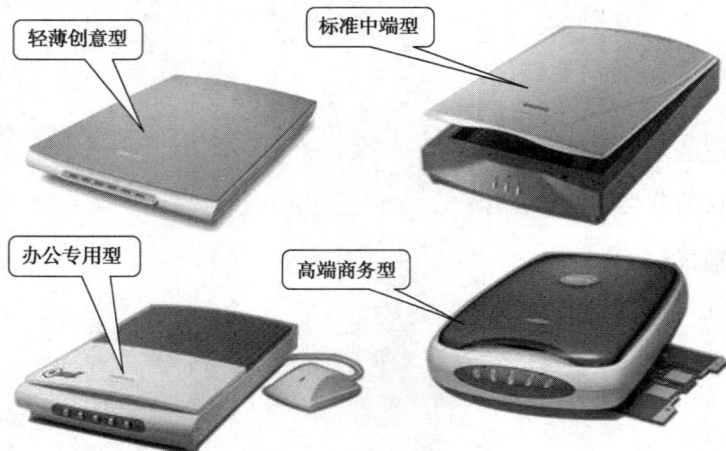

轻薄创意型　标准中端型　办公专用型　高端商务型

　　(2)扫描仪按应用领域分类,有家庭扫描仪、办公扫描仪、专业扫描仪。

　　(3)扫描仪按扫描方式分类,有平板式扫描仪、手持式扫描仪、底片式扫描仪、滚筒式扫描仪、多功能扫描仪等。

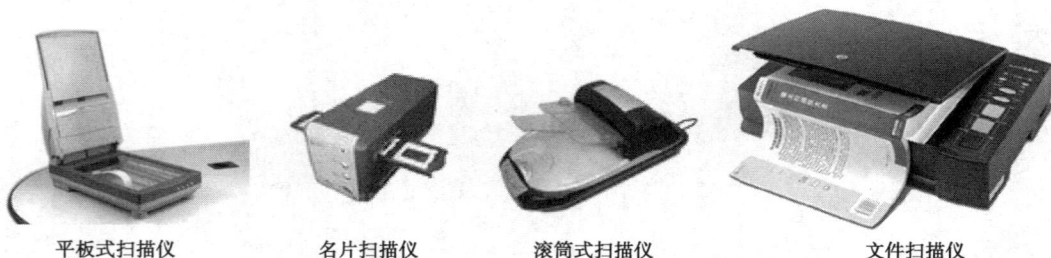

平板式扫描仪　　名片扫描仪　　滚筒式扫描仪　　文件扫描仪

　　(4)扫描仪按接口分类,有并行接口扫描仪、SCSI 接口扫描仪、USB 接口扫描仪。

　　(5)扫描仪按扫描速度分类,有高速扫描仪、中速扫描仪、低速扫描仪。

二、扫描仪的主要技术指标

扫描仪的性能指标主要有分辨率、色深、感光器、扫描速度、接口和扫描幅面等几项。

【知识窗】

分辨率是扫描仪对原稿图像细节描绘能力的一个关键指标,分辨率越高对原稿细节的分辨能力就越强。扫描仪的分辨率一般用每英寸含多少个点来标示,称 dpi(点/in);也有用每英寸含多少条线来衡量,称 lpi(线/in)。lpi 与 dpi 的换算关系是 1 lpi 相当于 2 dpi,如果你用 150 lpi 扫描一幅图,所得到的数字化图形在 Photoshop 中存盘,就会得到 300 dpi 的分辨率。

扫描幅面,一般为 A4。

色彩深度,是扫描仪所能辨析的色彩范围。

透射适配器,也就是平板扫描仪是否具有能扫描负片、幻灯片和大的透明底片或胶片的能力。

光源,注意光源平均失效时间,现平板扫描仪多采用冷阴极荧光灯。

【做一做】

型　号	幅面	扫描元件	光学分辨率	景深	接口	其他特性
BenQ　4300U	A4	CCD	600×1 200	48	USB	超薄 e 指通
方正　F7100	A4	CCD	1 200×2 400	48	USB	智能快捷键
Microtek SM 3830	A4	CCD	1 200×2 400	48	USB	五按键操作
Mustek 1200UB plus	A4	CIS	600×1 200	48	USB	触控式按键
清华紫光　E32	A4	CCD	600×1 200	48	USB	五按键操作
佳能　D-646U	A4	CCD	600×1 200	42	USB	超薄

请同学们从表中找出你认为性能最好的扫描仪,说出你的理由。

友情提示

扫描仪除了看参数以外,还可以在使用中进行比较。特别是在两个较难比较的产品之间进行选择时,可以通过下面的方法来比较:

◆ 扫描速度（在设定同样的扫描参数下，扫描同样的图片看速度）
◆ 去网络线的能力
◆ OCR 性能（字符的识别能力）
◆ 实物扫描（看结果效果）
◆ CPU 占有率（对计算机资源的占用率）
◆ 随机赠送软件（易用性和实用性）
◆ 外观（外壳是否结实，性能相差不大的可以考虑是否美观）

三、扫描仪的基本组成结构

扫描仪主要由光学部分、机械传动部分和转换电路三个部分组成。扫描仪外部结构如下图所示。

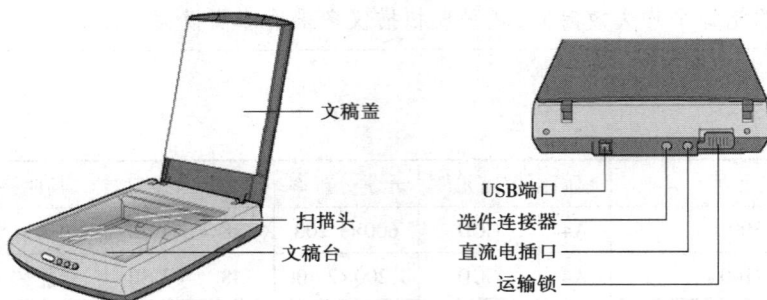

文稿盖
扫描头
文稿台
USB端口
选件连接器
直流电插口
运输锁

扫描仪各组件的作用如下图所示。

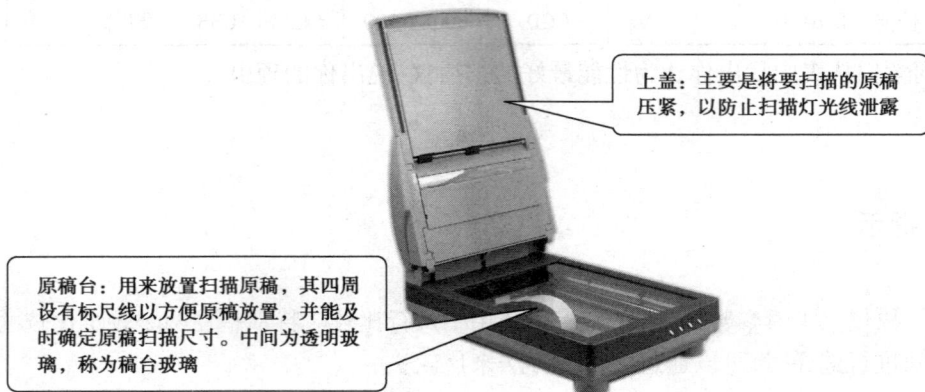

上盖：主要是将要扫描的原稿压紧，以防止扫描灯光线泄露

原稿台：用来放置扫描原稿，其四周设有标尺线以方便原稿放置，并能及时确定原稿扫描尺寸。中间为透明玻璃，称为稿台玻璃

扫描仪成像过程如下图所示。

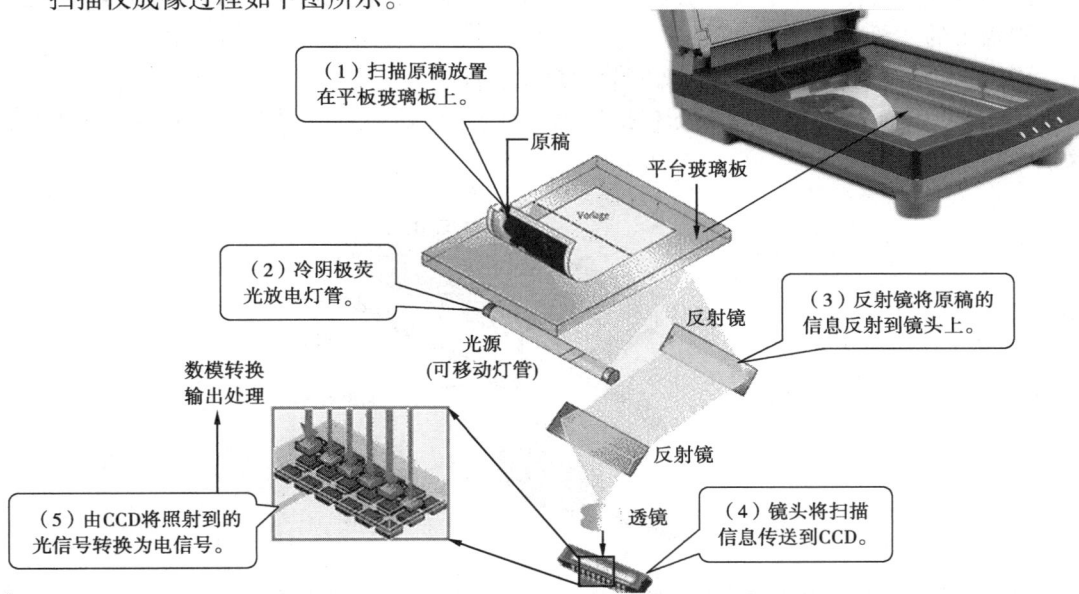

（1）扫描原稿放置在平板玻璃板上。

原稿

平台玻璃板

（2）冷阴极荧光放电灯管。

光源
(可移动灯管)

（3）反射镜将原稿的信息反射到镜头上。

反射镜

数模转换
输出处理

反射镜

（5）由CCD将照射到的光信号转换为电信号。

透镜

（4）镜头将扫描信息传送到CCD。

【做一做】

请说出扫描仪的外部结构部件的名称和作用

部件名称	作　用	备　注

任务二　完成扫描仪的连接与安装

一、连接扫描仪

扫描仪安装包括硬件安装和软件安装,安装过程请参考相应扫描仪的使用手册。需要注意的是:有些扫描仪为了保护扫描运动机构,运输过程中设置了保护锁,在安装完成后务必按照扫描仪安装使用手册中的方法打开保护锁,否则扫描仪无法工作或产生异常的声音。

扫描仪的一般安装步骤如下:

(1)启动计算机,放入安装光盘,安装扫描仪软件。

(2)打开扫描仪保护锁,连接好扫描仪电源线(下图所示),打开扫描仪电源,检查扫描仪是否初始化。

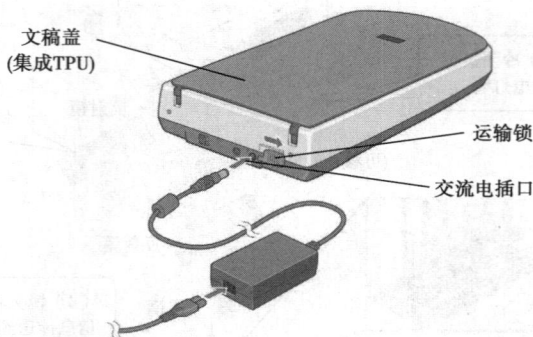

文稿盖
(集成TPU)

运输锁

交流电插口

(3)连接好扫描仪数据线(下图所示),完成操作系统对扫描仪的自动识别。

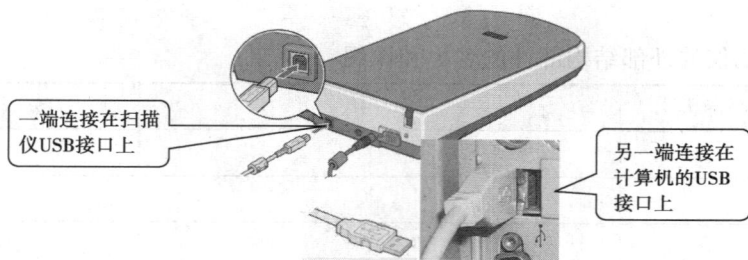

一端连接在扫描仪USB接口上

另一端连接在计算机的USB接口上

二、安装扫描仪的驱动程序

当扫描仪完成电源、数据线的连接后,即可安装它的驱动程序。开启计算机,系统会自动搜索到所连接的扫描仪,将扫描仪厂家提供的驱动程序放入到计算机的光盘驱动器里,根据画面提示逐步完成该扫描仪驱动程序的安装,重新启动计算机即可使用扫描仪。

【想一想】

提供一台扫描仪,你怎样才能正常使用?

任务三 使用扫描仪完成常规扫描

一、扫描对象

扫描仪的扫描范围越来越广,包括底片、实物、识别文档文字等。这里只讲述扫描图像,其他扫描的方式大同小异。

二、扫描方法

- 使用扫描仪上自带按钮进行自动扫描;
- 使用扫描仪软件设置手动扫描;
- 使用扫描仪软件设置全自动扫描。

三、扫描操作

下面以 EPSON perfection 1650 为例来讲解扫描仪扫描的操作步骤。

(1)插上扫描仪电源线,打开计算机并确认扫描仪指示灯为绿色,打开文稿盖并确认扫描头的荧光灯亮。

(2)将文稿放在文稿台上,使要扫描的面朝下,确认文稿与对准标记严格对齐,如下图所示。

(3)启动扫描仪应用程序(这里以 ARCSOFT photo impression 为例)。

(4)单击"获取照片"按钮,然后在主屏幕中单击"照相机/扫描仪"按钮。

(5)从选择来源列表中选择"TWAIN 5"并单击"获取"按钮,打开"EPSON TWAIN"。

(6)出现如下窗口,EPSON TWAIN 将自动预览并识别文稿来源和类型。

67

(7) EPSON TWAIN 预览并识别文稿类型后,将出现下列窗口。

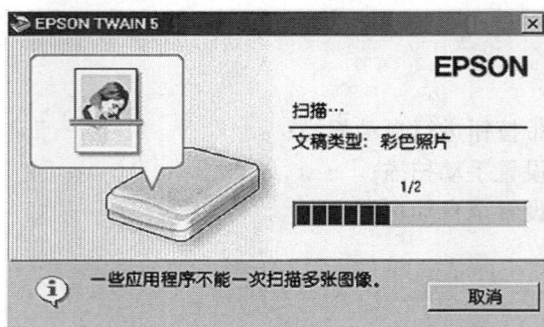

(8) 扫描图像被传送到应用程序等待处理。

(9) 在扫描仪软件里处理好后,单击主屏幕上"保存"按钮或"另存为"按钮。

(10) 输入文件名并选择文件格式,然后单击"保存"按钮。

【做一做】

准备好一张自己的照片,用扫描仪进行扫描,写出扫描的操作步骤。

四、手动扫描操作

这是扫描方式中最常用、最基本的一种方法,具体操作步骤如下:

(1) 在进行手动扫描以前,要先完成基本扫描方式中的(1)(2)(3)步骤。

(2) 打开"手动模式"窗口,在手动模式下,可以通过许多选项来控制扫描仪,如下图所示。

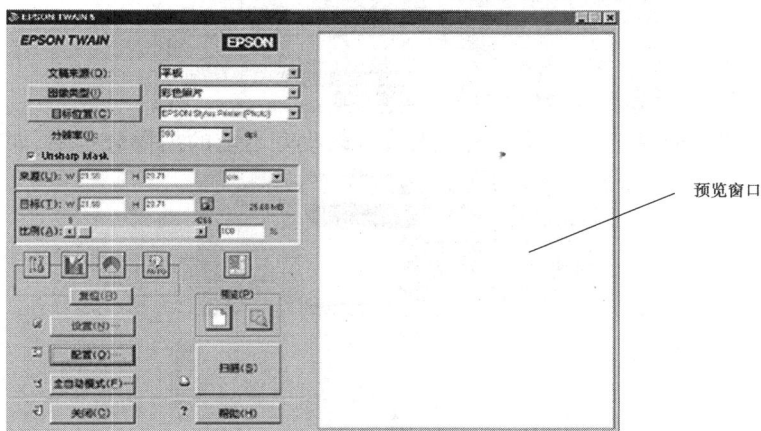

预览窗口

(3)选择文稿来源,如下图所示。

友情提示

◆ 扫描反光文稿时,选择平板;扫描彩色底片,请选择 TPU:彩色底片;扫描单色底片, 请选择 TPU:单色底片;扫描正片(或幻灯片),请选择 TPU:正片设置。

(4)选择图像类型,如下图所示。由于预定义设置适合于大部分图像类型,因此建议首 先使用预定义设置。

友情提示

◆ 扫描仪类型不同,一些图像类型可能不会显示。当文稿来源类型被设定为 TPU:单 色底片或缩略图预览被激活时,图像类型列表中只有彩色照片和黑白照片可用。

(5)选择目标位置。可以通过该设置指定扫描图像要传送到的应用程序或输出设备,如 下图所示。

目标位置(E):	EPSON Stylus打印机(照片)
分辨率(I):	OCR
	EPSON Stylus打印机(基质量)
☑ Unsharp Mask	EPSON Stylus打印机(照片)
	激光打印机

（6）选择分辨率。通过选择分辨率或输入值可以改变当前的扫描分辨率,如下图所示。

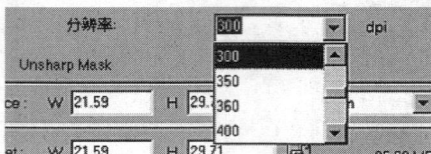

分辨率:	300	▼	dpi
Unsharp Mask	300
ce: W 21.59 H 29.7	350
	360
	400
ut: W 21.59 H 29.71	

友情提示

◆ 分辨率不是完全由软件的设置而定,它的范围与扫描仪有关。

（7）在扫描图像之前,可以先通过"预览"按钮 □ 来看一下扫描的位置。
（8）单击"扫描"按钮完成扫描。

友情提示

◆ 不能扫描超过内存或磁盘空间大小的图像。如果扫描一张很大的图像,屏幕上将出现警告信息。

五、自动扫描

最简单的方法是使用扫描仪上的智能按钮来完成扫描。方法是:只需要按下不同功能的扫描键就能完成扫描,如下图所示。

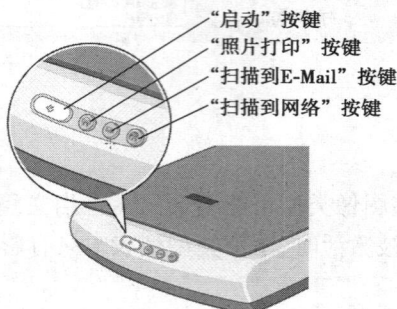

"启动"按键
"照片打印"按键
"扫描到E-Mail"按键
"扫描到网络"按键

【想一想】

手动扫描与自动扫描的操作环节有哪些异同?

友情提示

◆ 通过扫描进入计算机的文档,再经过 OCR（Optical Character Recognition）识别软件识别的文件,是文本文件。

任务四　使用文字识别软件 OCR 输入文档

文字识别软件 OCR 是为满足书籍、报纸杂志、报表票据、公文档案等录入需求而设计的软件系统。信息资料需要转化成电子文档以便于各种应用及管理,OCR 软件能满足海量录入需求。

一、OCR 系统的组成

1.OCR 界面

OCR 软件界面主要是由扫描处理模块、版面划分模块、文字识别模块和文字编辑模块 4 个部分组成,如下图所示。

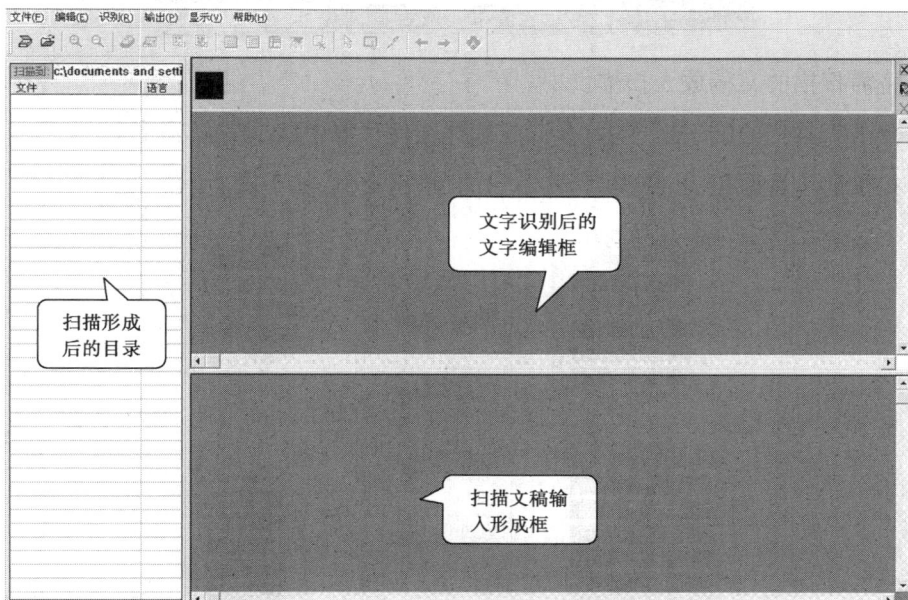

2.OCR 工具栏

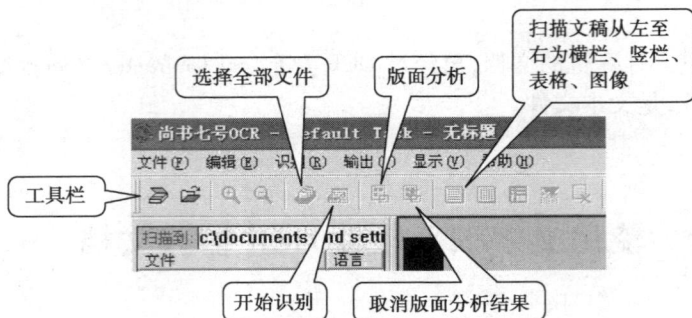

二、OCR 软件的使用方法

OCR 软件的种类虽然很多,但其使用方法大同小异。首先要对文稿进行扫描,然后用 OCR 进行识别。利用 OCR 软件进行文字识别,可直接在 OCR 软件中扫描文稿,操作步骤如下:

(1)连接扫描仪的电源线、数据线后开启扫描仪电源。

(2)打开 OCR 识别软件,如下图打开"尚书七号 OCR"软件。

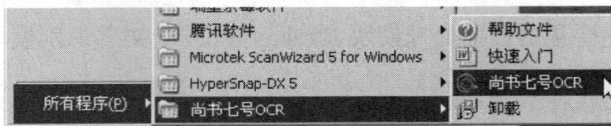

(3)将需扫描的文稿放入扫描仪中。

(4)单击工具栏的"扫描"工具，或选择文件菜单中的"扫描"命令。

(5)扫描前设置原稿、扫描类型、输出目的、输出比例,如下图所示。

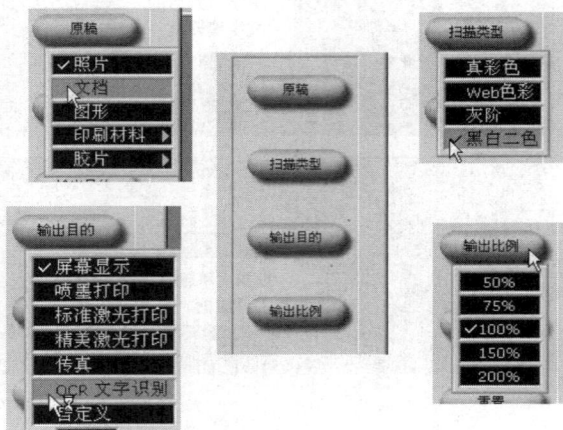

（6）扫描后选择"自动倾斜校正"，纠正扫描文稿的倾斜位置，如下图所示。

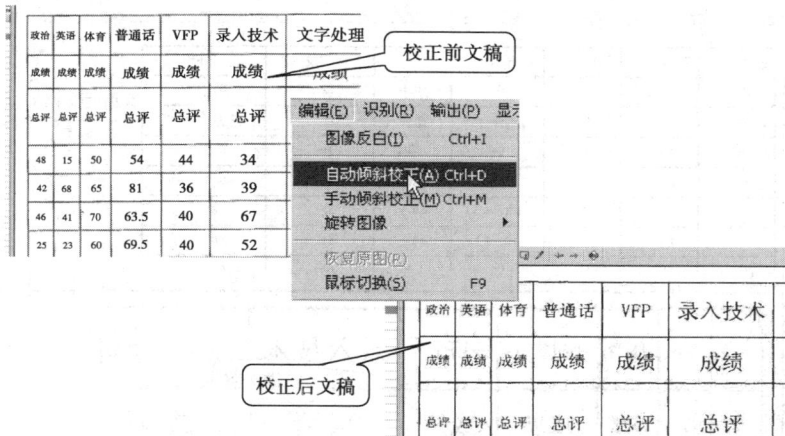

（7）准备识别：选择文件范围→进行版面分析→选择修改属性，如下图所示。

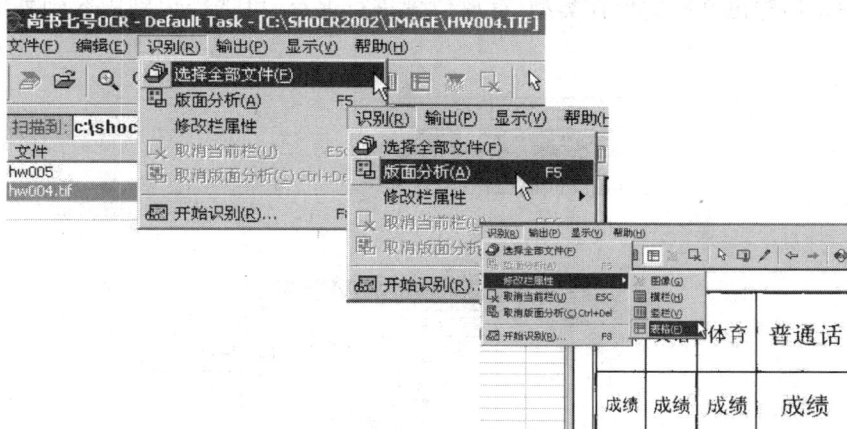

（8）开始识别，如下图所示。

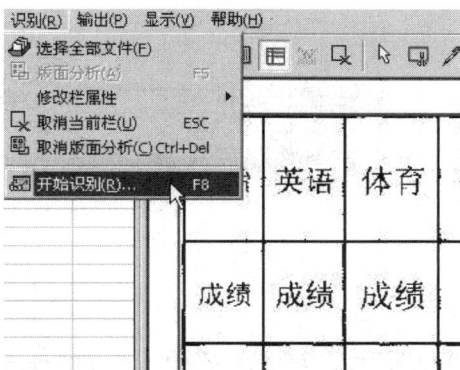

（9）对照比较校正，如下图所示。

政治	英语	体育	普通话	UFP	录入技术	文字处理
成绩	成绩	成绩	成绩	成绩	成绩	成绩
总评	总评	总评	总评	总评	总评	总评
48	15	50	54	44	34	5 5
42	68	65	81	36	39	8 1
46	41	70	63．5	40	67	78
25	23	60	69．5	40	52	74

识别后文档

政治	英语	体育	普通话	VFP	录入技术	文字处理
成绩	成绩	成绩	成绩	成绩	成绩	成绩

扫描文稿

（10）识别后输出文稿的保存类型、存放位置进行保存，可选择识别内容到外编辑器，如下图所示。

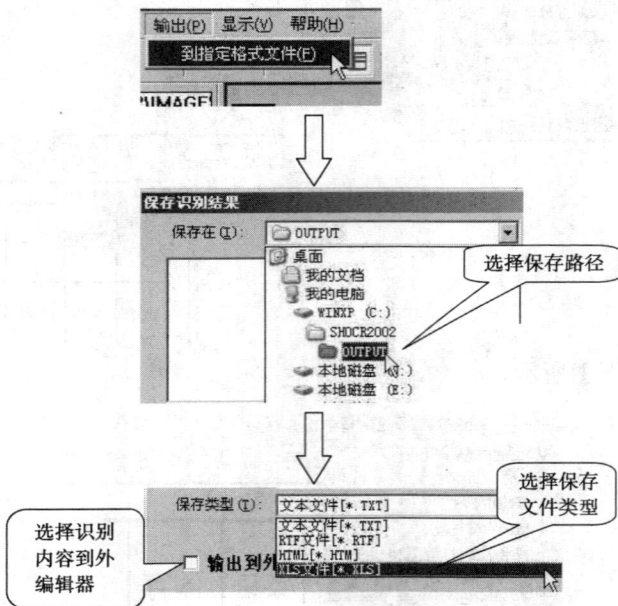

友情提示

◆ 如果扫描文稿是 Word 文件，应选择文本文件"＊.TXT"保存类型，同时也选择识别内容到外编辑器。在 Microsoft Word 中打开比较、校正。

（11）打开保存的文稿，进行编辑排版，如下图所示。

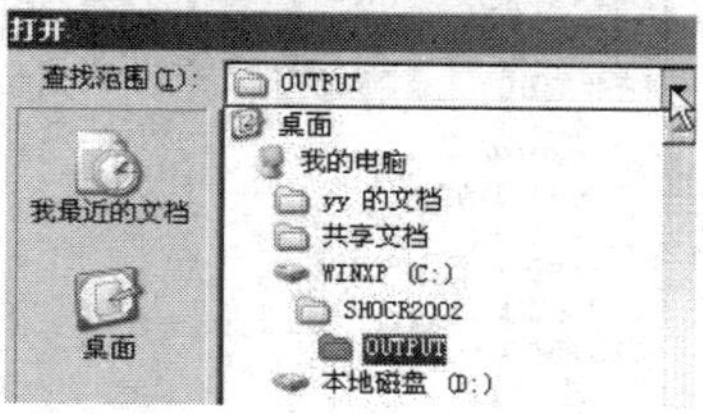

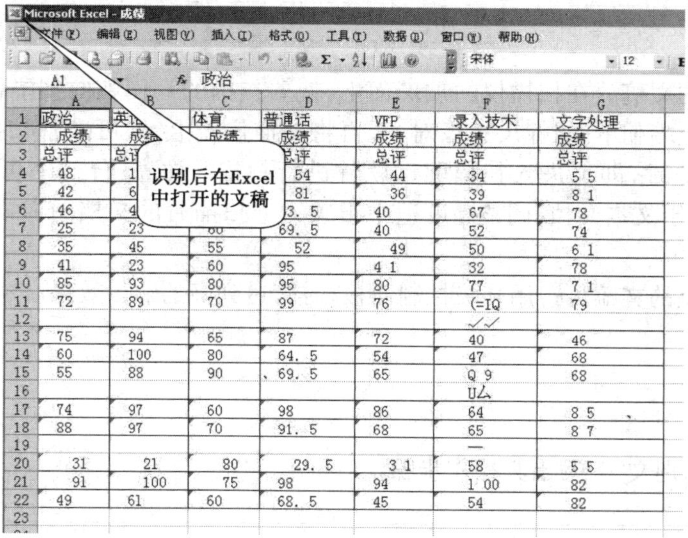

识别后在Excel中打开的文稿

友情提示

◆ 扫描文稿在同一页上有文字、表格时，通过选择范围分别识别文字和表格。

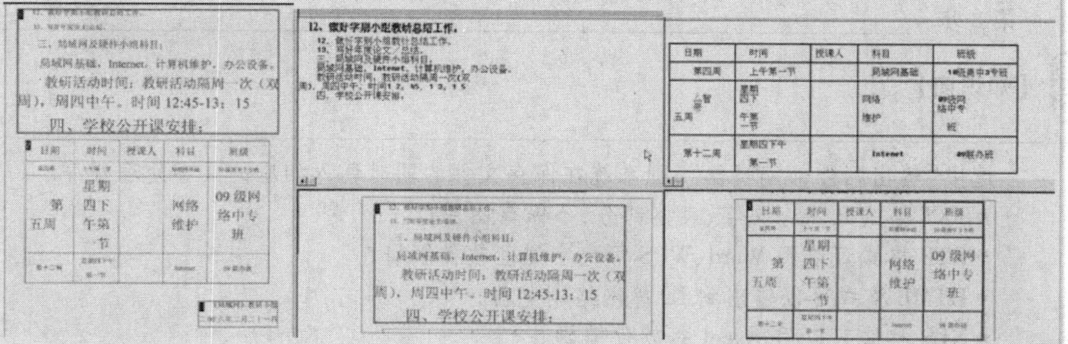

◆ 识别的文稿文件类型也可为＊.BMP，＊.JPG，＊.TIF 等文件，如下图所示。

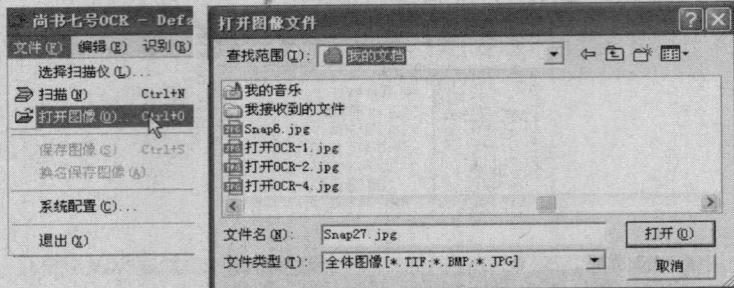

◆ 将要扫描的文稿放在扫描仪的玻璃面上,使要扫描的一面朝向扫描仪的玻璃面并让文稿的上端朝下,与标尺边缘对齐,再将扫描仪盖上,即可准备扫描。单击视窗中的"扫描"键,即可进入扫描驱动软件进行扫描。注意:分辨率可设置在 200 ~ 400 dpi,对于文本文档,调整亮度适中很关键。扫描后的文档图像出现在 OCR 软件视窗中。

◆ 清晰度较差的文稿可选用高级控制面板扫描,达到好的输出效果。

【做一做】

使用 OCR 识别文字,写出其操作步骤。

第 1 步:_____
第 2 步:_____
第 3 步:_____
第 4 步:_____
第 5 步:_____
第 6 步:_____
第 7 步:_____
第 8 步:_____

【知识窗】

选中"输出到外部编辑器",则系统在保存文件的同时调入相应的文字处理程序。
- TXT 格式只保存文字、表格部分,不保存图片;
- RTF 格式可以用 Word、WPS 等文字处理软件编辑;
- HTML 格式可以输出到 IE 等网络浏览器;
- XLS 格式可以用 Excel 等软件编辑。

【做一做】

用OCR软件扫描我们这本书的文字、图片和表格,然后进行编辑保存。

任务五　扫描仪的使用与维护

一、扫描仪的日常保养

为了保证扫描仪的扫描质量,延长扫描仪的使用寿命,应从以下几个方面对扫描仪进行日常保养和维护。

(1)将扫描仪放在稳定的水平面上,远离窗口,保证扫描仪的正常使用,如下图所示。

(2)避免震动。安装或移动扫描仪时,应使用扫描仪的锁紧装置,如下图所示。

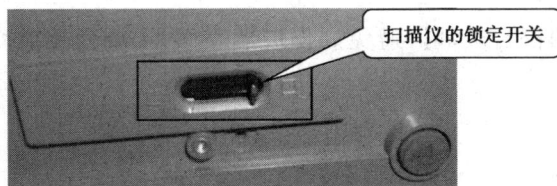

扫描仪的锁定开关

(3)不要在扫描仪上放置物品。
(4)扫描仪长期不使用时应切断电源,盖上防尘装置。

二、扫描仪的维护

(1)保护好光学部件。
(2)定期进行扫描仪的清洁维护,如下图所示。

清洁扫描仪外壳

调整机械部分

定期维护发光
管、反光镜

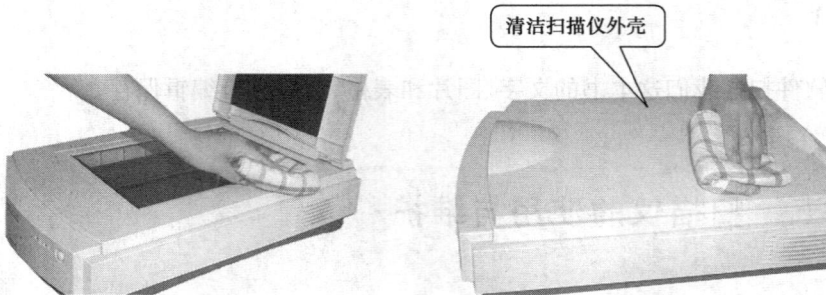

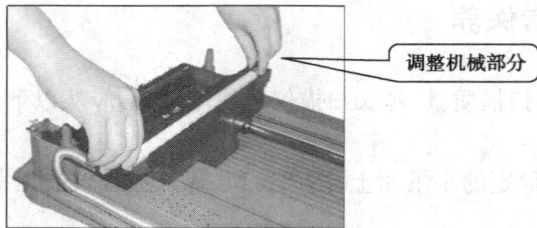

（3）保护扫描仪的稿台玻璃。避免划伤玻璃表面，不要使用有腐蚀作用的液体擦除污垢，如下图所示。

（4）不要频繁开关机，切忌在使用扫描仪时切断电源。

【想一想】

在使用扫描仪扫描时应该注意哪些问题,填入下表中。

扫描前	扫描中	扫描后

自我测试

一、笔答题

1.填空题

(1)扫描仪根据功能不同分为_____、_____、_____、_____。

(2)扫描仪扫描的对象有_____、_____、_____、_____。

2.简答题

(1)扫描仪的分类有哪些?

(2)扫描仪的主要技术指标有哪些?

(3)按图中标识的数字符号,写出对应的扫描仪部件名称。

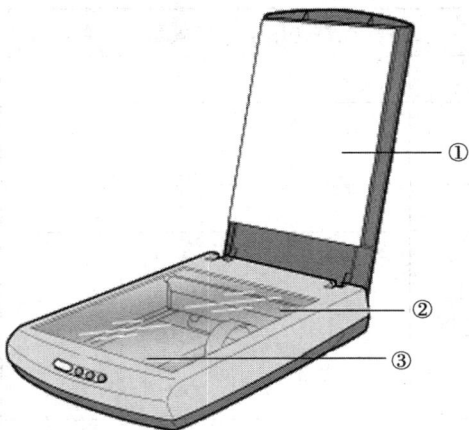

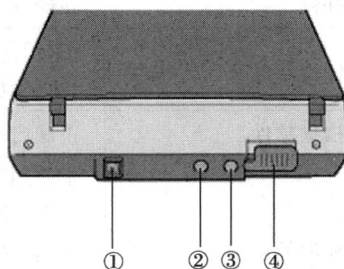

(4)如何选购扫描仪?

(5)维护扫描仪的要求。

二、操作实践题

扫描仪及扫描软件的使用

（1）目的要求

会安装扫描仪；熟悉扫描仪软件的功能，会使用OCR软件扫描图像。

（2）工具及器材

计算机、台式扫描仪、OCR扫描软件、原稿等。

（3）环境要求

计算机上已安装OCR软件或其他扫描软件。

（4）训练内容

①打开扫描仪电源，将扫描材料放入扫描仪，让有图像的一面贴着扫描仪的玻璃镜面，让纸张的四周与标尺边缘对齐，然后合上扫描仪的上盖。

②启动图像处理软件，出现扫描窗口。

③选择图像的色彩模式：在扫描设置窗口的"设置图像类型选项"中设定。

④单击"预览"键，可看到图像预扫描后的结果。

⑤预览图像后，用"选择框"选出扫描范围。

⑥调用图像增强工具，改善图像质量：在扫描设置窗口的"设置图像类型选项"中设定。

⑦设置适当的扫描分辨率。

⑧单击"扫描"选项，将图像扫描到计算机内。

⑨对图像进行存储。

⑩使用汉字OCR识别系统识别汉字。

⑪退出软件。

（5）测试项目

项目测试表

项　目	操作项目	操作结果（用√或×表示）	备　注
扫描开锁	找到开锁位置		
扫描仪打开及文件的放入	①打开扫描仪 ②正确放入扫描材料		
启动扫描软件	正确启动扫描软件		
扫描软件的使用	①使用预览键 ②设置图像的色彩模式 ③用选择框选出扫描范围 ④正确扫描 ⑤用图像扫描增强工具		
汉字识别系统的使用	使用步骤不能有误		
图像的保存	正确保存图像		
软件的退出	正确退出软件		

模块四

使用与维护移动存储设备

　　移动存储设备是指便携式的数据存储装置,它带有存储介质且自身具有读写介质的功能,不需要或很少需要其他装置的协助便可以使用。现代的移动存储设备主要有移动硬盘、USB 盘和各种记忆卡。

　　本模块的主要内容包括:认识移动存储设备、U 盘的选购与安装、U 盘常见错误的解决方案、使用光盘、使用存储器和读卡器等。

　　通过本模块的学习,你将能够:

◆ 了解常见移动存储设备的使用方法、技术指标等;

◆ 运用正确方法安装与使用移动存储设备;

◆ 能够处理移动存储设备的常见故障。

任务一　认识移动存储设备

一、认识移动存储设备

移动存储设备具有高度集成、快速存取、方便灵活、性价优良、容易保存等性能。从存储介质上来区分,移动存储设备大致分为磁介质存储(如 ZIP、LS-120、USB 移动硬盘等)、光介质存储(如 CD-RW、dvd、MO)和闪存介质存储(如 USB 闪存盘、各种闪存卡)3 种。

【做一做】

你身边有哪些数码设备是属于移动存储设备?

1.磁介质存储

磁盘存储器(Magnetic Disk Storage),以磁盘为存储介质的存储器。它是利用磁记录技术在涂有磁记录介质的旋转圆盘上进行数据存储的辅助存储器,具有存储容量大、数据传输率高、存储数据可长期保存等特点。

磁盘存储器通常由磁盘、磁盘驱动器(或称磁盘机)和磁盘控制器构成。

在计算机系统中,磁盘存储器常用于存放操作系统、程序和数据,是主存储器的扩充。磁盘存储器的发展趋势是提高存储容量,提高数据传输率,减少存取时间,并力求轻、薄、短、小。

磁盘存储设备

2.光介质存储

光介质(Optical Media),是一种以数字形式存储数据,用激光进行数据读取的存储器,如 CD。光介质包括各种各样的 CD 和 DVD 介质。同软盘这种传统的磁介质相比,光介质有很多优点。光盘容量可以高达 600 MB,而软盘的最大容量仅为 1.44 MB。光盘的另外一个优点是能够保持数据的长久性、稳定性。

光介质存储设备

3.闪存介质存储

闪存卡(Flash Card)是利用闪存(Flash Memory)技术达到存储电子信息的存储器,一般应用在数码相机、掌上计算机、MP3 等小型数码产品中作为存储介质,样子小巧,犹如一张卡片,所以称之为闪存卡。根据不同的生产厂商和不同的应用,闪存卡有 SmartMedia(SM 卡)、Compact Flash(CF 卡)、MultiMediaCard(MMC 卡)、Secure Digital(SD 卡)、Memory Stick(记忆棒)、XD-Picture Card(XD 卡)和微硬盘(MICRODRIVE)等几种,这些闪存卡虽然外观、规格不同,但是技术原理都是相同的。

闪存存储器

新一代闪存盘具有大容量、标准化、移动性、可靠性高等特点。

近几年,随着半导体存储技术的不断发展,基于闪存(Flash Memory)技术的移动存储产品,如 Compact Flash(CF)、Smart Media(SM)、Multi Media Card(MMC)、Memory Stick(MS)和 SanDisk(SD)、TF 卡等被广泛地应用于数码相机、PDA、MP3 播放器、笔记本电脑等当前十分热门的消费电子产品之中。闪存不仅具有 RAM 内存可擦、可写、可编程的优点,而且所写入的数据在断电后不会消失,有抗震、加密、收发邮件、杀毒、无驱启动、数据备份等功能。

消费者可以根据具体的要求选择不同应用的移动存储产品。随着 USB 接口在计算机上的普及,基于 FlashMemory 以及 USB 接口技术的 USB 移动存储卡(闪盘)在计算机市场也已风靡起来。USBFlash 盘采用的是 Flash 技术。

只要计算机上有 USB 接口就可以相互传递数据。它具备速度快、不用驱动器、体积超小、重量极轻、随身携带方便等特点。由于这种存储器没有机械装置,因此不怕震动,性能稳定。一般来说,移动存储产品都采用 USB 接口方式。USB 接口设备的巨大优势使移动存储产品的使用变得极为简单。闪盘类产品都是通过整合闪存芯片、USB I/O 控制芯片而制成的,其产品特性大都比较相似,只是外壳设计和捆绑软件有所差别。

【做一做】

某建筑设计公司需要将做好的成品图交给客户,由于成品图经过渲染后容量特别大,请问有什么好的方法将成品图交给客户?

二、移动存储设备的发展前景

【知识窗】

随着 IT 产业的迅速发展、网络的蓬勃兴起、存储交换的日益频繁及市场规模的不断扩大,将会出现移动存储产品蓬勃发展的局面。未来个人财产、个人信息与电子资料的安全将越来越被人们所重视。带有全息照片并附带全部个人资料、能随时存储信息的"一卡通"将成为未来的发展趋势。移动存储产品市场蕴涵着巨大的商机和潜力,容量更大、功能更全、速度更快、体积更小、应用更广、无需驱动、价格低廉、功耗更低、使用更方便、保密安全性高、稳定性强、更时尚化、外观新颖别致的移动存储产品将倍受青睐,为网络信息时代增添无限的光彩。

任务二 选购、使用与维护 U 盘

一、选购 U 盘

U 盘,全称 USB 闪存盘,英文名为"USB flash disk"。它是一种使用 USB 接口的无需物理驱动器的微型高容量移动存储产品,通过 USB 接口与计算机连接,实现即插即用。U 盘的称呼最早来源于朗科科技生产的一种新型存储设备,名曰"优盘",使用 USB 接口与计算机进行连接。而之后生产的类似技术的设备由于朗科已进行专利注册,而不能再称之为"优盘",而改称谐音的"U 盘"。后来,U 盘这个称呼因其简单易记而广为人知,是移动存储设备之一。

【想一想】

个人购买 U 盘应从哪些方面考虑?

1.U 盘的存储容量

存储容量是指该存储产品最大所能存储的数据量,是存储产品最为关键的参数。一般 U 盘的容量有 8,16,32,64,128,256 GB。

8~64 GB 多种容量可供选择

2.U 盘的可擦写次数

U 盘的可擦写次数是 U 盘的正常寿命,一般采用 MLC 颗粒的 U 盘可擦写 1 万次以上,而采用 SLC 颗粒的 U 盘使用寿命更是长达 10 万次。

3.U 盘的传输速度

U 盘的传输速度和 U 盘的接口有关,现在 2.0 接口的 U 盘有 15 Mbit/s 的读取速度,5 Mbit/s 的写入速度;3.0 接口的 U 盘有 100 Mbit/s 的读取速度,60 Mbit/s 的写入速度。

另外,U 盘还有接口、数据传输率、兼容操作系统、存储介质、工作温度、工作湿度、是否即插即用、资料最少可保存时间、抗震防潮等参数。

友情提示

◆ 选购 U 盘首先要考虑的参数是存储容量,容量越大,价格越高;其次是可擦写次数和写入数据传输率。在实际购买中,可根据以上学习的参数对照着自己的需要,去市场购买自己需要的 U 盘设备。

二、安装和使用 U 盘设备

1.正确安装 U 盘设备

早期,当我们第一次将 U 盘插入计算机后,操作系统会自动识别该 U 盘,并安装该 U 盘的驱动程序。随着操作系统的升级,Windows98 第二版(Windows98SE)以上的版本无需驱动都可以正常使用。但也有一些 U 盘由于具有启动、加密等功能,在任何 Windows 版本中都需要安装驱动,否则无法正常使用。这里还有一个特例:朗科的双启动 U 盘,它具有 USB FDD 和 USB HDD 启动功能,在 U 盘上有一个 FD 和 HD 的切换开关,需要在不同的状态下安装不同的驱动程序。具体的情况,你可以查阅 U 盘的使用手册。

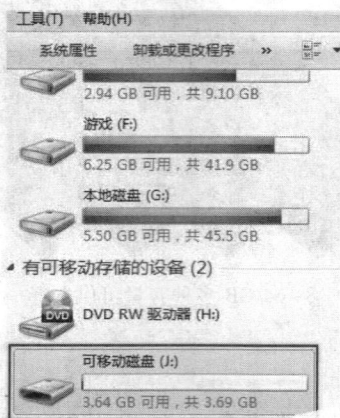

系统识别到 U 盘

2.使用 U 盘设备

(1)拔插 U 盘设备

U 盘都是采用 USB 接口,是可以进行热拔插的。但在拔下后不要马上又插入,等待 5 秒钟左右再插入。很多 U 盘上有 LED 指示灯,指示灯亮的时候不能拔下 U 盘,因为 U 盘正在工作。

友情提示

◆ 强行拔出会造成 U 盘损坏。在 Windows98 中,只有当指示灯灭了,才能拔下 U 盘。对于没有指示灯的 U 盘,在进行完读写操作后等待一会再拔出,这样比较安全。而在 WindowsME/2000/XP 下,添加 U 盘后会在任务栏中多出 USB 设备的图标,打开该图标就会在列表中显示 U 盘设备,选择将该设备停用,然后再拔出设备,这样会比较安全。需要说明的是,有的 U 盘在 WindowsXP 下其指示灯总是亮着的,这是因为 WindowsXP 增加了对 USB 设备的检测功能,只要有数据流量,指示灯就会闪烁。因此,这时也要在停用该设备后,再拔出。

（2）设置 U 盘读写开关

U 盘上一般都会有读写开关,切换该开关可以控制 U 盘的只读和读写。不少用户直接在使用时进行开关切换,这是不正确的。这样不仅不能使设置生效,并且还有可能损害 U 盘。正确的方法是:先拔下 U 盘,接着进行状态的切换,然后再插入 U 盘,这样才能正常使用。同样,有的 U 盘上还有其他的切换开关,也要遵循以上的步骤进行操作。

三、维护 U 盘设备

● U 盘故障提示无法找到 U 盘设备。

故障排除:首先判断 U 盘是否已经正确插入 USB 接口,你可以拔下来再插一次;然后判断操作系统的版本,保证系统为 Windows98SE 或更高的版本;检查是否在系统的 BIOS 设置中将 USB 接口激活,如果已经启用了 USB 设备但运行不正常,解决办法为在设备管理器中删除"通用串行控制器"下的相关设备,然后再刷新;最后检查是否是 U 盘驱动程序的问题。如果经过以上的办法还不能解决问题,建议在另外一台计算机上测试,如果还是无法使用,有可能是 U 盘本身的问题,那只有进行更换了。

无法识别 U 盘设备

● U 盘读写故障。

故障排除:如果 U 盘安装正常,但是在读写时出现故障,这有可能是 U 盘本身的问题。可以读,但是无法写入,这多半是在 U 盘中设置的只读开关,或者是 U 盘的空间已满,需要删除一部分文件后才能继续存储。在出现掉电或者使用时强行拔出都有可能造成 U 盘无法使用,此时需要对 U 盘重新进行格式化。在系统中可以直接对 U 盘进行格式化的工作,但有时候并不能解决问题,建议使用 U 盘自带的工具进行格式化。不同的 U 盘其使用的格式化工具也是不一样的。一般重新格式化后,可以解决无法读写的问题。

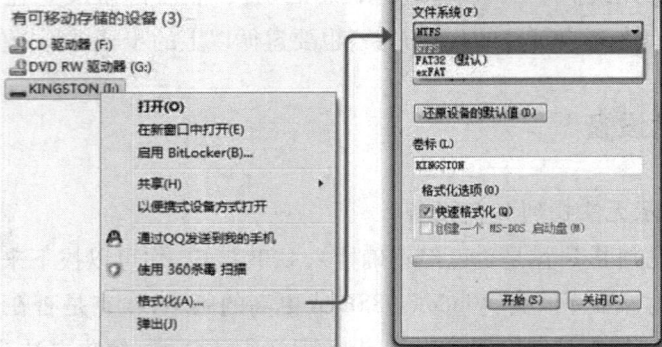

1. 将闪存产品与电脑连接

2. 右键单击闪存分区选择格式化

3. 在文件系统种选择NTFS或exFAT格式

4. 单击开始，完成即可

格式化 U 盘

【知识窗】

一款名为"星梭盘低级格式化工具——MpTool"的工具可解决 U 盘出现的"能看到盘符，但双击无法打开，显示请插入磁盘的标记、磁盘 0 字节"等问题。插入 U 盘，执行PDX8.exe。单击主界面右下角"OPTING"按钮，单击"FlashTest"选项卡，勾选"Low Level Format"，再单击"CapacityAdjust"选项卡，在下拉菜单中选择磁盘容量，单击"OK"按钮回到主界面。单击"RUN"按钮，即可进行格式化。格式化完成，显示一个绿色的 OK 图标及磁盘容量值 xxxMBvle…GOOD 等字样。至此，U 盘恢复。

• 系统提示需要格式化 U 盘。

故障排除：U 盘无故不能进入，提示"磁盘未被格式化"，用 Windows98/XP 都无法格式化。但也不一定就是 U 盘真正损坏了，可以用 U 盘自带的专用格式化软件 mformat.exe 格式化试试，或许可以"起死回生"。

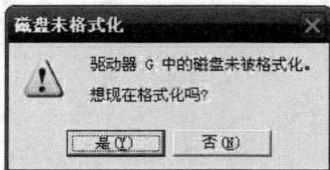

系统提示需要格式化 U 盘

【做一做】

找一个被系统提示为"磁盘未被格式化"的 U 盘,尝试利用 mofrmat.Exe 格式化,看是否能够修复 U 盘。

任务三　使用光驱读取光盘数据

光盘是以光信息作为存储物的载体,用来存储数据的一种设备。光盘分不可擦写光盘,如 CD-ROM、DVD-ROM 等;可擦写光盘,如 CD-RW、DVD-RAM 等。

【想一想】

我们在选购硬件的时候,购买一个带有刻录功能的光驱是否合理?

1.使用光驱

打开"我的电脑",并且看到光驱的盘符:

光驱盘符

● 打开光驱:在光驱的盘符上右击,在出现的下拉菜单中单击"弹出"。或者直接按计算机光驱的"打开"按钮,光驱就会自动跳出来。

弹出式光驱

● 放进光盘:把光盘放到光驱的托盘架上,光盘的中心对准光驱支架的中心,在光盘与光驱支架相吻合的地方轻轻用力按压,把光盘固定在光驱的支架上。

放入光盘

● 关闭光驱：在"我的电脑"光驱的盘符上右击，在出现的下拉菜单中单击"关闭"。如果你的计算机不支持右键关闭光驱，那就按光驱的开关直接关闭光驱。不建议把光驱支架直接推进光驱内，因为长时间这样操作可能造成支架倾斜。

将光盘放入光驱

● 进行播放：如果光盘是 DVD 或者 VCD，计算机一般会自动按顺序播放节目；如果是其他类型的光盘，需要我们找到需要播放的文件，双击进行播放。

【做一做】

在网上购买一张 DVD，放到学校或你家里的光驱里面，确定是否能够正常播放。

2.介绍虚拟光驱

【知识窗】

　　虚拟光驱是模拟光碟机的工具软件，它的工作原理是先产生一部或多部（最多 23 台）虚拟光碟，将光碟片上的应用软件和资料压缩存放在硬盘上，并产生一个虚拟光碟图示，再告知操作系统可以将此压缩文档视作光碟机里的光碟来使用。当我们启动此应用程序时，不必将光碟片放光驱中（没有光驱亦可执行），更不需等待光驱的缓慢启动，只需在光碟图示上双击，虚拟光碟立即载入虚拟光驱中执行，快速又方便。计算机启动后，操作系统从内存中一块特定区域内读取光驱的信息，也将某块特定内存作为与光驱数据交换的缓冲区。虚拟光驱软件启动后，首先对实际光驱中的光盘进行扫描，然后将光盘中的二进制数据进行复制，压缩生成一个以 VCD 为后缀名的光盘文件，每个 VCD 光盘文件通过光驱向内存特定区域写入必要的光驱信息,使操作系统将此信息作为一个新光驱(即虚拟光驱)。虚拟光驱软件是模仿实际光驱向内存中写数据来仿真光驱的。

虚拟光驱

任务四 使用存储卡与读卡器

一、使用存储卡

存储卡,用于手机、数码相机、便携式计算机、MP3 和其他数码产品上的独立存储介质,一般是卡片的形态,故统称为"存储卡",又称为"数码存储卡""数字存储卡""储存卡"等。存储卡具有体积小巧、携带方便、使用简单的优点。同时,大多数存储卡都具有良好的兼容性,便于在不同的数码产品之间交换数据。近年来,随着数码产品的不断发展,存储卡的存储容量不断得到提升,应用也快速普及。

【想一想】

智能手机使用的存储卡,可不可以利用读卡器将其中的数据读取到计算机中?

1.使用 SD 卡

Secure Digital 卡简称 SD 卡,从字面理解,此卡就是安全卡。它比 CF 卡以及早期的 SM 卡在安全性方面更加出色,是由日本的松下公司、东芝公司和 SanDisk 公司共同开发的一种全新的存储卡产品,最大的特点就是通过加密功能,保证数据资料的安全保密。从很多方面来看,SD 卡可看作是 MMC 卡的升级。两者的外形和工作方式都相同,只是 MMC 卡的厚度稍微要薄一些,使用 SD 卡的机器都可以使用 MMC 卡。其外形尺寸为 32 mm×24 mm×2.1 mm。

SD 卡

【知识窗】

> SD 卡对于手机等小型数码产品略显臃肿,同时也为了追赶 Duo 以及 Xd,SD 卡阵营发明了更小的存储卡,名为"miniSD"。其外形尺寸为 20 mm×21.5 mm×1.4 mm,封装面积是 SD 卡的 44%,体积是 SD 卡的 63%,具有 11 个金手指(SD 卡只有 9 个)。miniSD 通过转接卡也可以当作 SD 卡使用。该卡在多普达、松下等手机上有广泛的使用。

SD 卡速度划分:

速度等级	速 度	应用范围
Class 0		低于 Class 2 和未标注 Speed Class 的情况
Class 2	最低写入 2.0 MB/s	观看普通清晰度电视,数码摄像机拍摄
Class 4	最低写入 4.0 MB/s	流畅播放高清电视(HDTV),数码相机连拍
Class 6	最低写入 6.0 MB/s	单反相机连拍,以及专业设备的使用
Class 10	最低写入 10.0 MB/s	全高清电视的录制和播放
UHS-I	写入 50 MB/s 以内/读取 104 MB/s 以内(实际产品的写入速度已超标准)	专业全高清电视实时录制
UHS-II	写入 156 MB/s 以内/读取 312 MB/s 以内	未来世界

microSD 卡标准由 SD 协会在 2005 年参照 T-Flash 的相关标准制定,T-Flash 卡和microSD卡是相互兼容的。与 miniSD 卡相比,microSD 卡体积更为小巧,尺寸为 11 mm×15 mm×1.4 mm,它仅有标准 SD 卡的四分之一左右,是目前市场上体积最小的存储卡。

SD 卡应用于以下的手提数码装置:

- 数码相机
- 数码摄像机
- 个人数码助理(PDA)
- 手提电话
- 多媒体播放器

SD 卡的发展很快,已经开始威胁到 CF 卡的市场份额了。注意:在某些产品(如手机)上,SD 卡和 MMC 卡是不能兼容的。SD 卡的容量有 8 MB 到 128 GB 不等。

2.使用 CF 卡

CF 卡(Compact Flash)最初是一种用于便携式电子设备的数据存储设备。作为一种存储设备,它革命性地使用了闪存,于 1994 年首次由 SanDisk 公司生产并制定了相关规范。当前,它的物理格式已经被多种设备采用。

CF 是与出现更早且尺寸更大的 PCMCIA I 型内存卡竞争的第一批闪存标准之一,它最初是建立在英特尔的或非型闪存的基础上，之后改为使用与非型闪存。CF 是最老也是最成功的标准之一，尤其适合专业相机市场。它具有比其他存储方式更长的寿命以及较低的单位容量成本，同时也可以在较小的尺寸上提供较大的容量。

CF 卡

3. 使用 TF 卡

Trans-flash Card（TF 卡），2004 年正式更名为 Micro SD Card，由 SanDisk（闪迪）公司发明。在 Micro SD 面市之前，手机制造商都采用嵌入式记忆体，虽然这类模组容易装设，然而无法适应潮流需求——容量被限制住了，没有升级空间。Micro SD 仿效 SIM 卡的应用模式，即同一张卡可以应用在不同型号的移动电话内，让移动电话制造商不用再为插卡式的研发设计而伤脑筋。Micro SD 卡堪称可移动式的储存 IC。

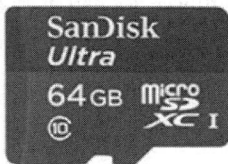

TF 卡

【知识窗】

Micro SD 卡是一种极细小的快闪存储器卡，其格式源自 SanDisk 创造，原本这种记忆卡称为 T-Flash，后改称为 Trans Flash，而重新命名为 Micro SD 的原因是被 SD 协会（SDA）采用。另一些被 SDA 采用的记忆卡包括 Mini SD 和 SD 卡。其主要应用于移动电话，但因它的体积微小和储存容量的不断提高，已经使用于 GPS 设备、便携式音乐播放器和一些快闪存储器盘中。它的体积为 15 mm×11 mm×1 mm，相等于手指甲的大小，是现时最小的记忆卡。它也能通过 SD 转接卡在 SD 卡插槽中使用。现时 Micro SD 卡提供 128 MB、256 MB、512 MB、1 GB、2 GB、4 GB、8 GB、16 GB、32 GB 和 64 GB 的容量。MWC 2014 世界移动通信大会期间，SanDisk 打破了储存卡最高 64 GB 容量，正式发布了一款容量高达 128 GB 的 Micro SD XC 储存卡。

93

【想一想】

市场上的 SD 卡和 TF 卡有什么区别和联系？

二、使用读卡器

读卡器(Card Reader)是一种读卡设备,由于卡片种类较多,所以读卡器的含义覆盖范围比较广。

【知识窗】

根据卡片类型的不同,可以将其分为 IC 卡读卡器,包括接触式 IC 卡(遵循 ISO 7816 接口标准)、非接触式 IC 卡读卡器(遵循 ISO 14443 接口标准)、远距离读卡器(遵循 ETC 国标 GB 20851接口标准)。存储卡的接口不统一,主要类型有 CF 卡、SD 卡、MiniSD 卡、SM 卡、Memory Stick 卡等。

读卡器还被大量运用在移动的数据存储上。在早些年,几张软盘就能拷贝下常用的软件,DOS 系统也只用一张软盘就能装下,而那些小游戏一张软盘可以装好几个。软驱作为标准的驱动设备基本可以满足人们工作、学习的存储需要。随着计算机技术的发展,特别是 Windows 操作系统的推出,软件体积呈几何级数增加,标准的 1.44 MB 软盘对于这些庞然大物来说那可怜的容量犹如"杯水车薪"。大容量存储的渴求导致了硬盘驱动器、光驱和各种压缩存储设备等"大肚量"存储器的日益普及,习惯于移动办公的人们更希望拥有轻便易携带、数据储量大的"随身存"设备。

读卡器兼容所有主流存储卡

因此,外置存储设备的种类也越来越多,最早有 ZIP,后来又有外置硬盘等。不过它们的体积还不够小,随身带还是有些不便。现在流行的 U 盘,如朗科优盘、鲁文易盘、爱国者迷你王,它们将 USB 控制器与闪存芯片集成在一起,体积十分小巧,对于大容量的数据传输十分方便。不过,这类产品的价格较高,你为此付出的代价也不菲。若使用读卡器与存储卡的组合也可以

94

提供 U 盘相同的效果。存储卡主要有 CF 卡和 SM 卡,它们都使用闪存芯片,在 MP3 播放器、数码相机、PDA 等设备上广泛使用。

　　当 USB 读卡器插上存储卡后,就相当于一个移动电子硬盘。这样轻巧方便的闪存卡就成为我们方便的移动存储媒介了,而读卡器则是这些闪存用来交换数据的最方便的设备。它们的性能与 U 盘相当,体积也不大。此外,这种组合方式具有极强的扩展能力。

自我测试

一、填空题

1.U 盘的常用参数有_____ 、_____、_____。

2.市面上的存储卡有以下几种类型,分别为_____、_____、_____。

3.虚拟光驱是_____的工具软件,它的工作原理是先产生一部或多部(最多 23 台)虚拟光碟,将光碟片上的_____和_____,压缩存放在硬盘上。

4._____是指该便携存储产品最大所能存储的数据量,是便携存储产品最为关键的参数。

5.根据光盘结构,光盘主要分为_____、_____、_____等几种类型,这几种类型的光盘在结构上有所区别,但_____是一致的。

6.SD 卡多用于_____、_____、_____等,也有用在_____上。

7.U 盘都是采用_____接口,是可以进行_____的。

8.移动存储设备具有_____、_____、_____、性价优良、_____等性能。

二、选择题

1.Micro SD 卡是一种极细小的快闪存储器卡,其格式源自(　　)创造。

　　A.Windows　　　　　　B.tf　　　　　　　　C.SanDisk　　　　　　D.以上都是

2.存储卡主要有 CF 卡和 SM 卡,它们都使用(　　),在 MP3 播放器、数码相机、PDA 等设备上广泛使用。

　　A.Flash 芯片　　　　　B.特殊芯片　　　　　C.闪存芯片　　　　　D.以上都是

3.根据光盘结构,光盘主要分为 CD、DVD、(　　)等几种类型。

　　A.RDVD　　　　　　　B.蓝光　　　　　　　C.DVD-R　　　　　　D.RJ-45

三、简答题

1.怎样合理保存好光盘?

2.SD 卡的速度划分和应用范围是哪些?

3.U 盘的错误类型有哪些? 解决的方法是什么?

4.虚拟光驱是不是就是实物光驱? 它跟实物光驱有什么区别和联系?

模块五

使用与维护复印机

　　复印机是从原稿得到等倍、放大或缩小的复印品的设备。现在的复印机已经与现代通信技术、计算机和激光技术等结合起来，是现代办公自动化中不可缺少的设备。本模块主要讲解了复印机的基本工作原理、复印机的分类和技术指标、复印机的使用与维护。

　　通过本模块的学习，你将能够：

◆认识复印机；

◆选购与安装复印机；

◆使用复印机复印文稿；

◆处理复印机的简单故障和进行日常维护。

任务一　认识复印机

一、复印机及工作原理

复印机是从书写、绘制或印刷的原稿得到等倍、放大或缩小的复印品的设备,如下图所示。复印机复印的速度快,操作简便,与传统的铅字印刷、蜡纸油印、胶印等印刷技术的主要区别是无须经过制版这一中间手段,直接从原稿获得复印品。

模拟/数码复印机主机

分页器

送稿器

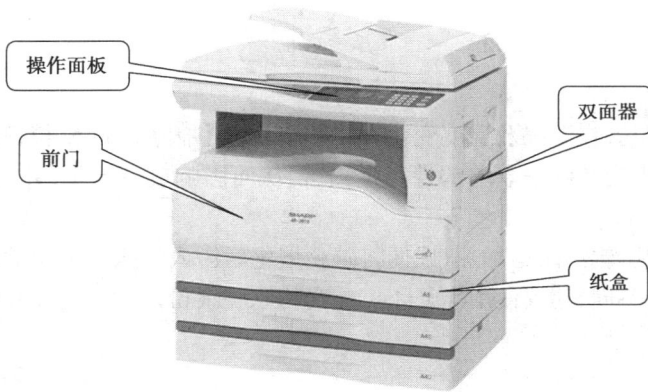

复印机使用的耗材除纸张外,还有碳粉和载体,碳粉的主要作用是成像,载体的主要作用是将墨粉从粉仓内输送到硒鼓。

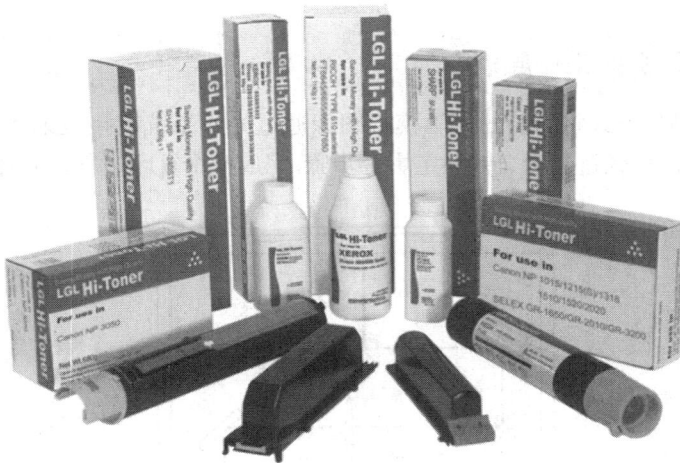

复印机碳粉

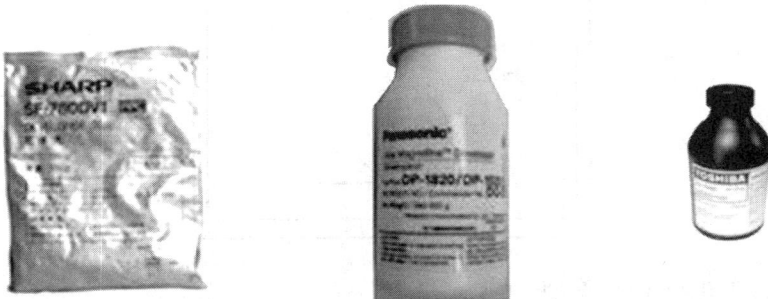

复印机载体

友情提示

◆ 质量不好的碳粉,在潮湿及温度变化大的使用环境中搁置时间稍长,便会产生结块现象,使用过程中会对碳粉盒的部件产生损害,从而影响成像质量,并会缩短碳粉盒的使用寿命。

◆ 复印机通过定影辊给碳粉加热,以便将碳粉熔化后压入纸张。不同的复印机,定影辊的加热温度会不同,建议使用与复印机配套的原装碳粉,以保证复印质量和复印机的寿命。

复印机有两种:一种是模拟式复印机,这是目前使用最广泛的复印机;另一种是数码式复印机,它以其优越的性能正在逐渐取代模拟式复印机。从外观看,数码复印机与模拟复印机大致相同。

1.模拟式复印机的工作原理

通过曝光、扫描的方式将原稿的光学模拟图像通过光学系统直接投射到已被充电的感光鼓上,产生静电潜像;再经过显影、转印、定影等步骤,完成整个复印过程,如下图所示。

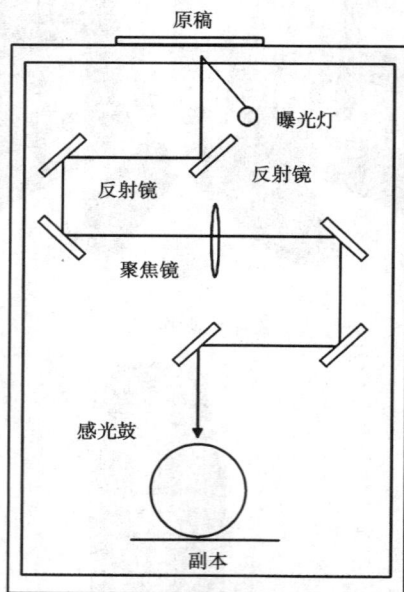

2.数码复印机的工作原理

先通过电荷耦合器件将原稿的模拟图像信号进行光电转换,成为数字信号;然后将经过数字处理的图像信号输入到激光调制器,调制后的激光束对被充电的感光鼓进行扫描,在感光鼓上产生静电潜像;再经过显影、转印、定影等步骤,完成整个复印过程,如下图所示。

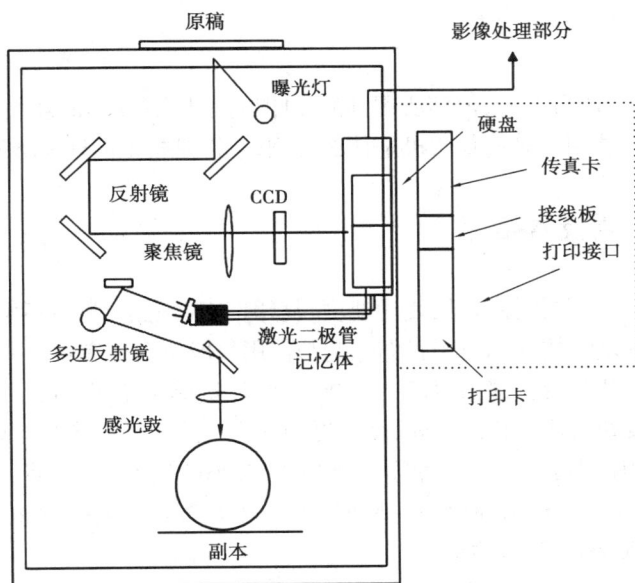

3.两种复印机的比较

功能比较	数码复印机	模拟复印机
扫描次数	一次扫描多次复印	一次扫描一次复印
复印质量	支持文稿、图片/文稿、图片、复印稿、低密度稿、浅色稿、256 级灰色浓度、400 dpi 分辨率等多种文稿模式和多级灰度,可根据原稿的内容进行选择,充分保证了复印件的清晰和整洁	支持文稿、图片/文稿、图片、复印稿、低密度稿、浅色稿,可根据原稿的内容选择复印浓度
分页功能	实现电子分页,分页数量可达 999 份,而无需选购分页器件	手工分页,若要实现自动分页须选购分页器件
图像编辑功能	能够实现自动缩放、单向缩放、自动启动、双面复印、组合复印、重叠复印、图像旋转、黑白反转、25% ~ 400%缩放倍率等多种编辑效果	能够实现分级缩放,缩放倍率为 25%~200%
升级	方便	不能
与计算机连接	能	不能
价格	较高	低
操作	较复杂	简单
环保设计	具有无废粉、低臭氧、自动关机、节能、图像自动旋转而减少废纸的环保功能	无

【做一做】

请到附近打字复印店看一看,他们所用到的复印机是什么品牌和类型。若时间许可,请多看几家,了解一下现在使用最多的复印机是什么类型,它们是模拟的还是数码的?

二、复印机的主要技术指标

衡量复印机好坏的主要指标包括:复印速度、复印倍率、预热时间、连续复印、标准配置、可选配件 6 项,了解这些基本的指标对于我们选购与使用复印机会更有益。

● 复印速度:复印机每分钟能够复印的张数,它的计量单位是张/min。由于复印机预热需要时间,首张复印需要花费比较长的时间,因此复印速度一般从第二张开始计算。

● 复印倍率:复印机能够对复印原稿进行放大和缩小的比例范围,使用百分率(%)表示。如果某款复印机的复印比例标示为 50%~200%,便意味着该款产品能够将原稿等比例最小缩至 50%,最大放大至 200% 后复印输出。

● 预热时间:复印机从开机到能正常复印所花的时间。在进行复印时,首先需要对感光材料进行充电,利用电晕放电的方法使感光材料的表面带上一定数量的静电电荷,从而能够进行正常的复印工作。

● 连续复印:对同一复印原稿,无需进行多次设置,复印机可以一次连续完成复印件的最大数量。连续复印避免了对同一复印原稿的重复设置,节省了每次作为首页复印多花的时间,因此对于经常需要对同一对象进行多份复印用户是相当实用。连续复印的标识方法为 1~×张,×代表该款产品连续复印的最大能力。

● 标准配置:除了复印机主机之外,随机配备的辅助部件。各款机型的标准配置都不一样,常见的标准配置部件有内存和供纸盒。对于不同的机型,其内存大小和供纸盒的容量是不同的。

● 可选配件:在标准配置之外,可以增强复印机功能,提升复印机性能的部件,需要另外进行购买。与标准配置不同,不使用可选配件不会影响到复印机的基本功能和使用。可选配件的种类很多,不同的产品支持的可选产品不同,因此在选购可选配件时应事先查阅产品的说明,以免买了不能用。比较常见的可选配件有扩展内存、分页器、装订器、传真配件、打印配件。

三、复印机的分类

1.按适用场合和对象分类

按此方法分类,可分为:便携式个人机、小幅面经济型、低速普及型、中低档办公型、中速办公型、中档功能型、高速高档型、高速柜式生产型、高档型数码复印机、工程复印机。

【知识窗】

◆便携式个人机:复印幅面为 A4,薄型,可手提携带;复印速度在 5 张/min 左右,装纸量 50 张左右,无缩放功能。这类机型适合家庭用或个人办公室用,一次复印量在 20 张以内,放置于桌面即可。此种机型一般设计为显影仓单元更换型或鼓粉一体装置,复印成本较高,消耗材料贵。

◆小幅面经济型:复印幅面小,一般最大复印幅面 A4 到 B4;复印速度慢,一般为 10～14 张/min;体积小无需工作台,可直接放在办公桌上。这类机型适用于月印量小于 1 000 张的场合,一次复印量不超过 100 张。

◆低速普及型:复印幅面为标准 A3,基本功能齐全;复印速度为 13～18 张,承印量不大,属 A3 标准幅面最低档普及型机;供纸为单纸盒加手送,双纸路供纸方式。这类机型适用于平均月印量在 3 000 张以内的小型办公室。

◆中低档办公型:功能较齐全,复印速度为 20～28 页/min,供纸方式一般为双纸盒加手送。这类机型是办公用的主要机型,可以满足日常的文印需求,还可偶尔承受小规模的批量复印。

◆中速办公型:复印速度为 28～35 张/min,承印量较大,功能齐全;供纸容量大,一般为双纸盒加手送供纸,同时拥有手送多张、消边框/中缝等编辑功能。这类机型的适用范围较广,普通中等规模的行政、企事业单位均可选用,亦可做对外承印业务。

◆中档功能型:性能基本同中速办公型,但此类复印机具有双面复印或双色复印等特殊功能,以此节约纸张提高办公效率;能满足用户的特殊文印要求,复印速度一般在 25～35 张/min。这类机型适合对复印机的速度和各项功能都有较高要求的办公场所。

◆高速高档型:复印速度快,达 40 张/min,自动化程度高;承印量大,多数复印机本身带有双面复印功能。这类机型适用于大型办公室、小型文印中心等月印量在 2 万～2.5 万印张的用户。

◆高速柜式生产型:复印速度快,在 50 张/min 以上;稳定性高,功能齐全,承印量大;带有液晶显示屏,全部为柜式且配有自动双面送稿器及分页器。这类机型适合大型集团办公室的文印中心、需经常大量复印资料的培训中心、维修中心、资料室等月印在几万印张以上的场合。

◆ 高档型数码复印机:采用数码技术,所有原稿经数码一次性扫描存入复印机存储器中,即可随时复印所需的多页份数,降低了扫描次数,减少磨损;用超精细碳粉可印出精确的网版、精密的文字以及精美的图像,文字、图片均清晰再现,即使是细微的层次亦能复印出来;数码化技术具有高技术、高质量、组合化、增强生产能力、可靠性强等一系列优点。这类机型适用于各种商务中心、外企、银行、高科技行业以及高运作集团办公场所。

◆ 工程复印机:复印幅面从 A4 到 A0,适用描图纸、硫酸纸等多种复印材料,复印功能强大且易于操作。这类机型适用于各种建筑公司、设计院以及建筑工地设计事务所等。

各种工程复印机

【做一做】

　　某图文公司,其主要业务是承接设计院和建筑工地的相关文件和图纸的备份,同时也会承接房地产公司竣工资料的准备工作。若你是这个公司设备采购员,你认为至少采购哪些办公设备才能满足公司的需求?

2.根据技术性能指标分类

- 按显影方式分,有单组和双组。
- 按复印的颜色分,有单色复印机、多色复印机和彩色复印机。
- 按复印尺寸分,有普及型复印机、手提式复印机和工程图纸复印机。
- 按对纸张的要求分,可分为特殊纸复印机和普通纸复印机。
- 按成像处理方式分,可分为数字式复印机和模拟式复印机。
- 按复印速度分,可分为低速、中速和高速 3 种档次。

任务二 选购与安装复印机

一、选购复印机

在选购复印机的时候,最基本的原则是性价比和自身的需求,主要考虑以下几个因素:

- 价格。价格因素包括两个方面:一是机器本身的价格;二是购买者自身的价格承受能力。
- 速度。复印机工作速度是决定其价格的一大因素,因此购买之前应分析一下现在及将来每个月大概复印量是多少、复印高峰期每小时要复印的份数有多少,根据分析结果来选购机型。例如,每月最高复印量在 1 万张以下时,购买 1 台每分钟复印 15 张左右的低速复印机即可满足要求;每日复印量有 500 张时,可选购 22 张/min 以下机型。
- 功能。复印机的功能能否满足用户的一些特殊需求是首要考虑的,可根据要求来选购具有自身特殊要求的复印机。
- 选购附件。有的用户可能还需要利用分页器和装订器等附件来提高办公效率,但多数复印机都把分页器和装订器作为可选件提供,并且厂家为了降低成本还推出了一些不能进行扩展的型号。因此,在购买时要了解复印机本身是否带有这些附件,如果没有,是否支持添加需要的可选件,如送稿器、双面器、分页装订器等。这些选购附件能使用户最大限度地享用复印机所带来的方便、快捷功能。
- 售后服务。复印机需日常保养与维护,在购买时应考虑:如果本单位有维修人员,不需销售公司的日常保养和维护,在购买时可以就此而要求降低价格;如果本单位无此类技术人员,那么在购买时就应到资金与技术实力雄厚的商家购买,在购买时应与商家签订保养/保修合约。

友情提示

在购买复印机之前应注意:
◆ 先根据自己对复印机的功能要求(如复印速度、最大复印面积)来确定复印机的档次。
◆ 再到复印机市场询问该档次复印机的各种机型及报价,然后加以比较。
◆ 如果自己对几种待选复印机拿不准的话,可以打电话到复印机公司咨询。

105

二、安装复印机

为了确保安全使用复印机,应将复印机安装在符合下述环境的场所。

- 远离火源、水源和发热装置。
- 不受阳光直射,空调、加热器或通风机直接气流影响。
- 通风良好、干燥、无灰尘的场所。
- 稳定和平坦不易受到过度震动。
- 使操作员不直接处于复印机的排气方向。
- 电压要求:220(1±10%)V,温度要求:10~35 ℃。
- 空间要求:方便操作为宜。

友情提示

◆ 复印机工作时会产生少量臭氧,若复印机在通风不良的房间内长期使用,会产生一股难闻的臭氧气味。因此,要有一个舒适、健康和安全的操作环境,室内通风一定要良好。

任务三　操作使用复印机

　　虽然市面上的复印机无论从品牌还是型号都很多,但在使用过程中,除复印机按钮面板在排列和功能上有一些不同外,复印的过程都是大同小异,本任务将介绍复印机的共同操作方法。

一、复印机的正确使用方法

正确使用复印机

1.勿在复印机上放置重物或让复印机受到震动。
2.复印机使用时,勿打开任何门盖,或断开电源。
3.勿将任何磁性物体靠近复印机。
4.勿在复印机旁使用易燃喷液。
5.勿改装复印机。
6.大量连续复印时,应保持良好的通风。
7.勿将回形针、订书针等小金属物品掉入复印机。
8.长时间不使用复印机应将电源线拔下。

二、复印机的操作程序

（1）预热。打开电源开关，开始预热，面板上有指示灯显示，并出现等待信号。当预热时间达到，机器即可开始复印，这时会出现可以复印信号或以音频信号告知。

（2）检查原稿。拿到需要复印的原稿后，应大致翻阅一下，需要注意以下几个方面：原稿的纸张尺寸、质地、颜色，原稿上的字迹色调，原稿装订方式，原稿张数以及有无图片等需要改变曝光量。这些因素都与复印过程有关，必须做到心中有数。对原稿上不清晰的字迹、线条应在复印前描写清楚，以免复印后返工。可以拆开的原稿应拆开，以免复印时因不平整出现阴影。

（3）检查机器显示。机器预热完毕后，应看一下操作面板上的各项显示是否正常，主要包括以下几项：可以复印信号显示、纸盒位置显示、复印数量显示为"1"、复印浓度调节显示、纸张尺寸显示，一切显示正常才可进行复印。

（4）放置原稿。根据稿台玻璃刻度板的指示及当前使用纸盒的尺寸和横竖方向放好原稿。

（5）设定复印份数。按下数字键设定复印份数。若设定有误可按"C"键取消，然后重新设定。

（6）设定复印倍率。一般复印机的放大仅有一档，按下放大键即可，缩小倍率多以 A3→A4，B4→B5 或百分率表示，对照复印纸尺寸，即可很容易地选定缩小倍率。如果无需放大、缩小，则不按任何键。

（7）选择复印纸尺寸。根据原稿尺寸，放大或缩小倍率按下纸盒选取键。如机内装有所需尺寸纸盒，即可在面板上显示出来；如无显示，则需更换纸盒。

（8）调节复印浓度。根据原稿纸张、字迹的色调深浅，适当调节复印浓度。原稿纸张颜色较深的，如报纸，应将复印浓度调浅些；字迹线条细、不十分清晰的，如复印品原稿是铅笔书写稿，则应将浓度调深些。复印图片时一般应将浓度调淡。

三、复印机操作面板和常用操作

现以市面上使用较多的美能达复印机为例进行讲解，其他复印机只是在功能面板的布局上有所不同或增删了一些功能而已，可进行参考。

1.复印机通电和断电

通电：使电源开关处于"❘"位置。
断电：使电源开关处于"⏻"位置。

友情提示

◆ 在复印机停止工作一段时间后，有的复印机有自动关闭电源功能。

显示板　　数字键盘　清除键　节能键

曝光控制键　变焦比例选择键　纸张选择键　启动键　停止键　复位键

中断键

提示：接通电源后，复印键呈橘黄色闪烁，表明复印机现正在预热；约30 s后，复印键转为绿色，表明可以进行复印。

橘黄色闪烁　　　转为绿色

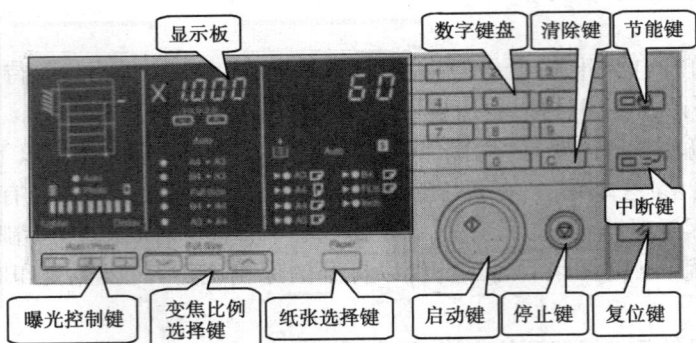

2.复印机节能模式

为使每次使用前降低预热时间,可让复印机进入节能状态,方法有两种:

◆ 自动进入节能状态　当复印机一段时间不使用后,自动进入节能状态。

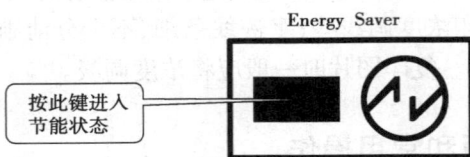

Energy Saver

按此键进入节能状态

◆ 按"节能"按钮 Energy Saver 进入节能状态。

退出节能模式只需按操作面板上任何一个键即可。

3.面板复位

面板复位键可有效地清除所有以前的设定,以避免误复印。

Panel Reset

面板复位键。在重新设置复印之前,按一下此键。

4.将复印纸加入纸盒

(1)拉出纸盒，按下纸提升板。

(2)把纸放置在纸张分离器下。

(3)把边缘导板和尾定位片移向纸张，直至碰到纸边。

(4)将纸张尺寸开关调至适当的位置。

(5)纸张放置高度不得超过▼所指的位置，然后将纸盒推进复印机。

▼ Max ▼

四、复印文件

1.基本文稿复印

操作步骤如下：

（1）放置原稿件。

①抬起原稿盖，把原稿正面向下放到稿台玻璃上。

②若有送稿器，将原稿正面朝上装入自动/双面送稿器。

③左后角与稿台左侧原稿宽度标尺上的标记▶对齐。

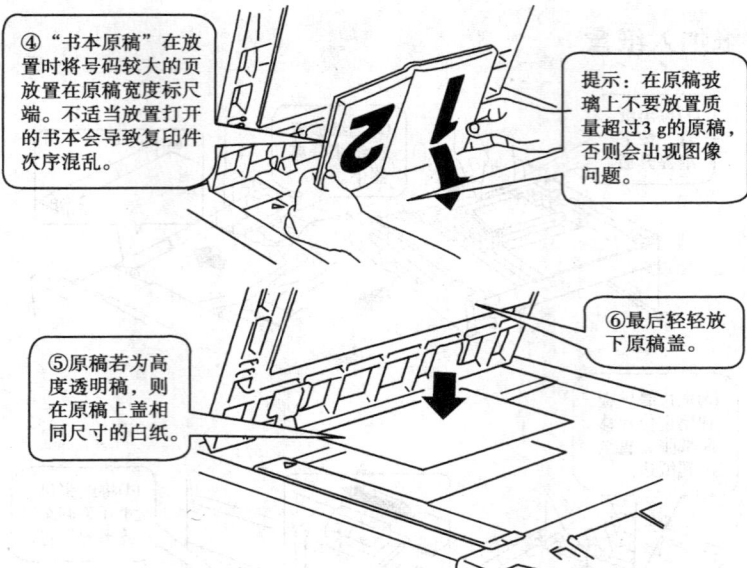

④"书本原稿"在放置时将号码较大的页放置在原稿宽度标尺端。不适当放置打开的书本会导致复印件次序混乱。

提示：在原稿玻璃上不要放置质量超过3 g的原稿，否则会出现图像问题。

⑥最后轻轻放下原稿盖。

⑤原稿若为高度透明稿，则在原稿上盖相同尺寸的白纸。

（2）选择纸张。

Paper

按下此键选择纸张

指示灯亮到需要的纸张上

Paper

A4

（3）选择倍率。

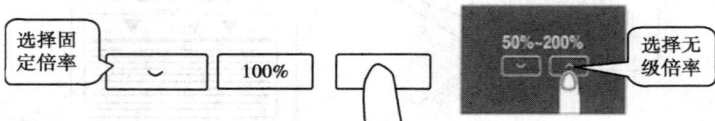

选择固定倍率

100%

50%～200%

选择无级倍率

（4）调节曝光量。

在手动曝光模式中设置图像浓度

Auto Photo

Lighter   Darker

Auto/Photo

A

选择自动曝光模式或图片模式

Auto Photo

Lighter   Darker

Auto/Photo

注：Auto：自动；Photo：图形；Lighter：浓度浅；Darker：浓度深。

（5）复印书本（可选）。

Book

若原稿件为书本稿件，需复印为双页时可选此项

（6）设置复印数量。

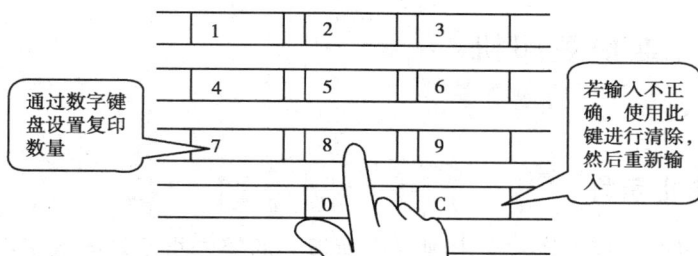

（7）开始复印。

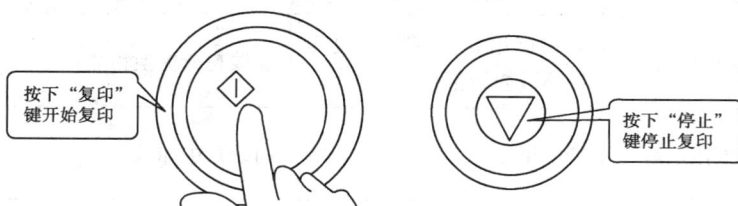

2.手送复印

（1）放置原稿件，与前面讲解的一样。

（2）将复印纸插入手送盘中，分如下两种情况：

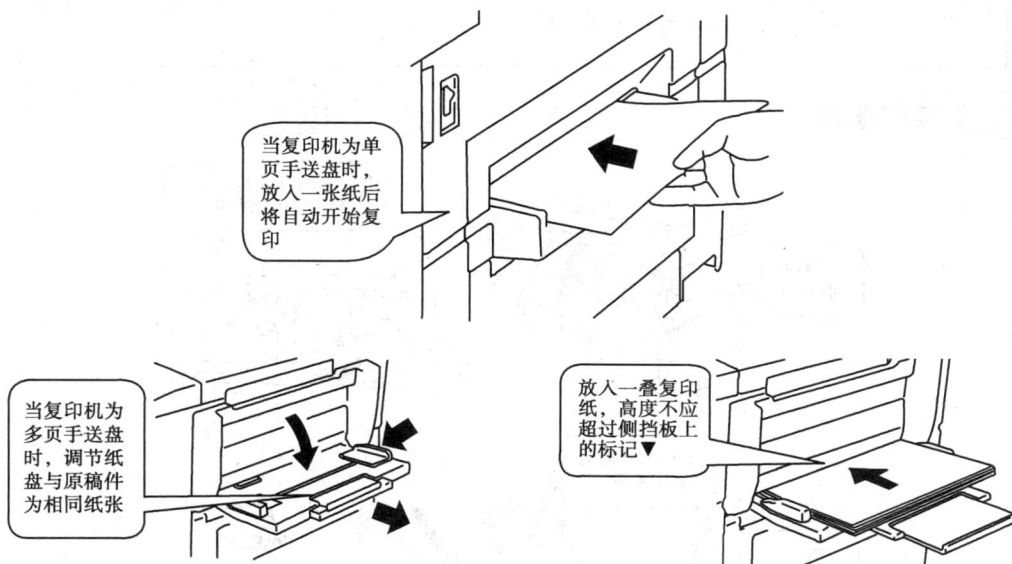

（3）使用键盘输入复印张数，按"复印"键开始复印。

任务四　维护复印机

1.认识警告指示灯

在使用复印机的过程中经常会出现操作面板上的警告指示灯亮的情况,有的指示灯亮时,会禁止进行复印,下面介绍一些常见警告指示灯的含义。

指示灯	复印机状态	解决方法
加碳粉指示灯	碳粉已用完(只警告,复印机仍可初始化)	加碳粉或更换粉盒
加纸指示灯	纸已用尽	向纸盒中加纸
卡纸指示灯	出现卡纸情况	检查卡纸位置并清除卡纸
呼叫维修指示灯	出现技术故障	若复印机重复位后,指示灯仍亮,请立即通知专业技术人员进行维修
维护保养指示灯	需要进行定期维修保养	请立即通知专业技术人员进行维修保养

2.更换碳粉盒

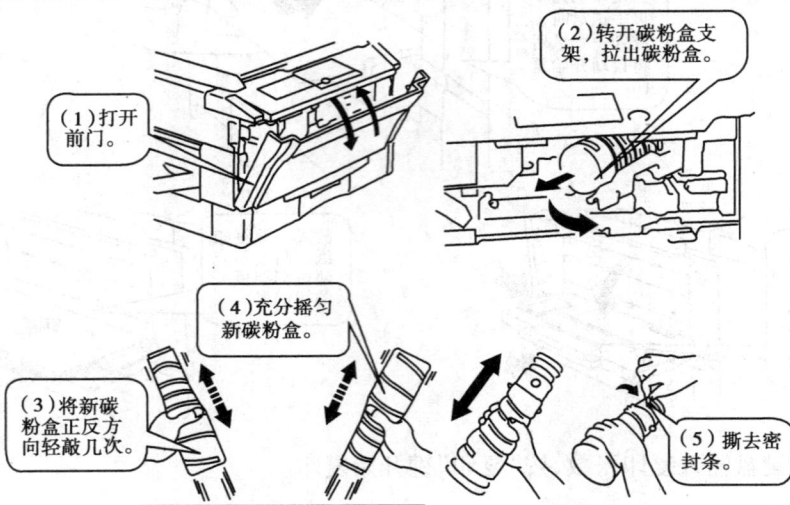

（1）打开前门。

（2）转开碳粉盒支架,拉出碳粉盒。

（3）将新碳粉盒正反方向轻敲几次。

（4）充分摇匀新碳粉盒。

（5）撕去密封条。

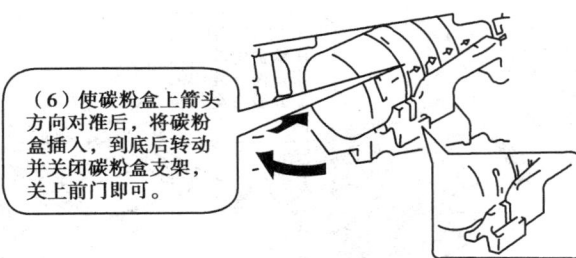

（6）使碳粉盒上箭头
方向对准后，将碳粉
盒插入，到底后转动
并关闭碳粉盒支架，
关上前门即可。

友情提示

◆ 若使用的复印机是加碳粉的，请完成前面的步骤(1)~(5)，然后将碳粉倒入复印机
自配的碳粉盒内，关闭碳粉盒和前门即可。

3.清除卡纸

当复印机出现卡纸时，首先要确定卡纸的部位，然后根据不同的部位参照下面的方法进
行清除。

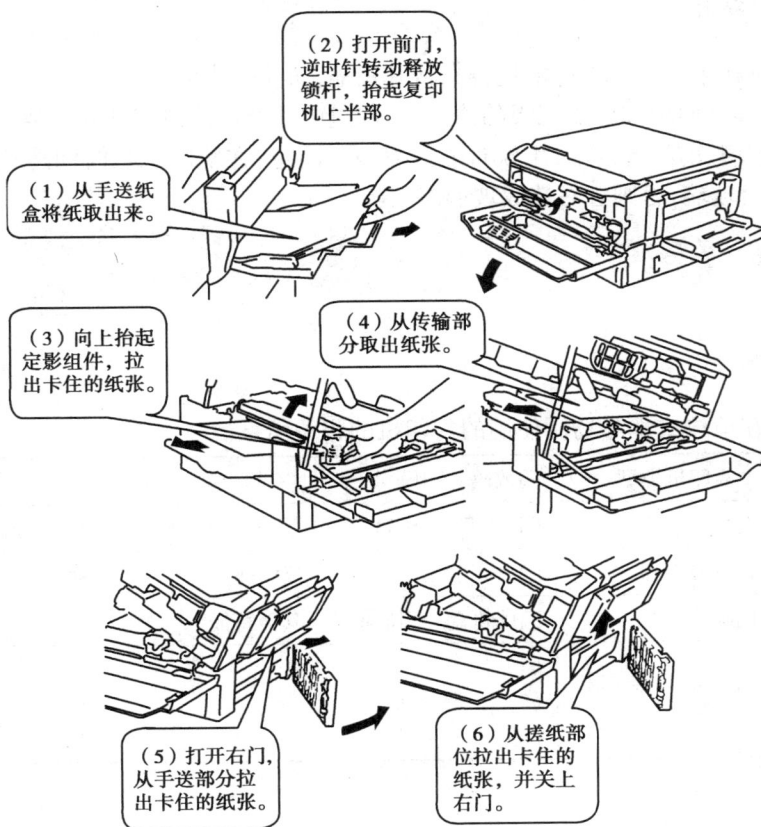

（2）打开前门，
逆时针转动释放
锁杆，抬起复印
机上半部。

（1）从手送纸
盒将纸取出来。

（3）向上抬起
定影组件，拉
出卡住的纸张。

（4）从传输部
分取出纸张。

（5）打开右门，
从手送部分拉
出卡住的纸张。

（6）从搓纸部
位拉出卡住的
纸张，并关上
右门。

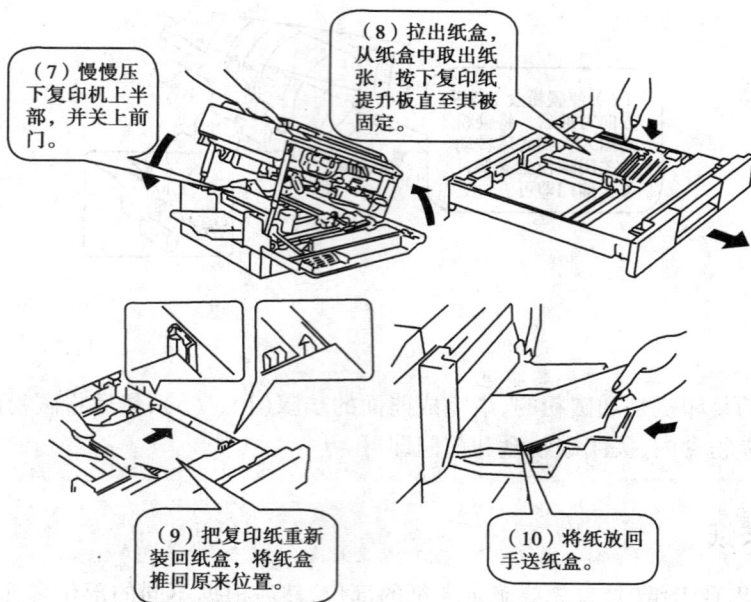

（7）慢慢压下复印机上半部，并关上前门。

（8）拉出纸盒，从纸盒中取出纸张，按下复印纸提升板直至其被固定。

（9）把复印纸重新装回纸盒，将纸盒推回原来位置。

（10）将纸放回手送纸盒。

4.清洁复印机

（1）复印机在未使用时最好能用棉布将其覆盖，防止外来的灰尘。

（2）外壳、操作面板和原稿压板的清洁，用浸过中性家用清洁剂的软布擦净。

（3）稿台玻璃、前门的清洁，用软布进行擦净。注意：在复印机长时间连续使用后，不可使用湿布擦稿台玻璃，否则容易造成玻璃爆裂。

自我测试

一、填空题

写出你所在单位或学习场所使用的复印机的相关信息。

复印机类型	□数码 □模拟	品　牌	
纸盒数	□1个□2个□3个	是否有输稿器	□有 □无
是否有分页器	□有 □无	复印速度	张/min
使用碳粉	□碳粉盒 □加粉	其他特征	
与前面所讲复印机的不同之处有	（1） （2） （3）		

二、操作实践题

1.认识复印机结构

（1）目的要求

熟悉复印机的基本结构。

（2）工具、登记表及器材

①工具：旋具、尖嘴钳、镊子等。

②仪表：MF30型万用表。

③器材：A3幅面台式复印机（全套选购件型号自定）。

（3）训练内容

①识别几种复印机外部选购件。

②打开复印机的前面板，了解各部件的位置。

（4）注意事项

①拆卸时，应备有盛放零件的容器，以免零件丢失。

②下列零件避免手触摸：光导体、显影辊、光学系统零件、定影辊、稿台玻璃。

（5）测试项目

项目测试表

项　　目	识别部件	测试结果（用√或×表示）	备　注
部件位置的认识	（某一种部件）		
各部件的认识	（某一部件）		

2.操作复印机

（1）目的要求

会用复印机进行复印。

（2）工具、仪表及器材

复印机、复印纸、原稿。

（3）训练内容

①熟悉操作面板。

②熟悉原稿的放置。

③熟悉纸盒结构及安放复印机。

④了解复印机的常见功能，包括等倍复印、放大或缩小复印、连续复印、复印设置、手动送纸。

⑤复印所学教材的5~9页2份。

⑥将教材封面进行复印，观察使用不同的曝光量会出现什么样的情况。

⑦有意在复印机内部不同位置平放复印纸一张，再关闭复印机，观察复印机有什么显示。

（4）测试项目

项目测试表

项　目	操作项目	操作结果（用√或×表示）	备　注
识别操作面板上的按键和显示	辨认或操作面板上常用的按键和显示		
原稿放置	原稿放置		
安放复印纸	安放复印纸		
按要求进行复印	①按要求的倍率进行复印 ②连续复印 ③按要求调整复印浓度 ④搬运送纸或操作要求正确		

3.常见故障及对应的处理方法

故障现象	可能原因	处理方法
卡纸	（1）纸受潮 （2）纸粘连 （3）纸张幅面选择不对	（1） （2） （3）
符号显示	墨粉不足	
符号显示	废粉盒已满	
复印品底灰大	（1）浓度调整太深 （2）稿台玻璃污染	（1） （2）

模块六

使用与维护数码相机

数码相机也称为数字式相机(Digital Camera,DC),它是集光学、机械、电子一体化的产品。它集成了影像信息的转换、存储和传输等部件,具有数字化存取模式,与计算机交互处理和实时拍摄等特点。本模块主要内容包括:数码相机的分类和技术指标、数码相机的工作原理和基本组成、数码相机的使用与维护等。

通过本模块的学习,你将能够:

◆ 了解数码相机的基本性能

◆ 使用数码相机进行拍摄

◆ 将数码相机中的图片传输到计算机中

◆ 进行数码相机的简单维护

任务一　认识数码相机

数码相机是在传统相机的基础上发展起来的,从外观上看,与传统相机大致相似,如下图。

现代数码相机

AF-S 尼克尔 24-70 mm f/2.8 G ED　单反相机镜头

一、数码相机与传统相机的异同

数码相机的外观、部分功能及操作虽与普通相机差不多,但数码相机与传统相机有以下几个不同点:

● 制作工艺不同。传统相机使用胶卷作为载体,拍摄后的胶卷要经过冲洗才能得到照片,拍摄后无法立即知道照片拍摄效果的好坏,而且不能对拍摄不好的照片进行删除。数码相机不使用胶卷,而是将照片记录于存储卡上,存储卡可反复使用,拍摄后的照片可以立即回放,对不满意的照片可以删除。把数码相机与计算机连接,可以将照片传输到计算机中并进行各种图像处理。

● 拍摄效果不同。数码相机拍摄的照片,在影像的清晰度、质感、层次、色彩的饱和度等方面,都无法与传统相机拍摄的照片相媲美。

● 拍摄速度不同。在按下快门之前,数码相机要进行调整光圈、改变快门速度、检查自动聚焦、打开闪光灯等操作;拍完照片后,数码相机要对拍摄的照片进行图像压缩处理并存储起来,这些都需要等待几秒。所以数码相机的拍摄速度,特别是连拍速度还无法达到专业摄影的要求。

● 存储介质不同。数码相机的图像以数字方式存储在磁介质上,而传统相机的影像是以化学方法记录在卤化银胶片上。

• 输入、输出方式不同。数码相机的影像可直接输入计算机,处理后打印输出;传统相机的影像必须在暗房里冲洗,要想对传统照片进行处理,必须通过扫描仪扫描进计算机。

【做一做】

向全班同学展示同一品牌的传统相机和数码相机,请同学说出其异同。
不同之处有:

相同之处有:

仔细阅读说明书,本品牌的传统相机与数码相机最大的差异在:

二、数码相机的主要品牌

目前,市面上主流的数码相机的像素数在 300 万~1 500 万。最为主流的品牌有富士(FujiFilm)、佳能(Canon)、奥林巴斯(Olympus)、柯达(Kodak)、索尼(Sony)、卡西欧(Casio)、柯尼卡美能达(Konica-Minolta)、尼康(Nikon)、三星(Samsung)等,而国内的数码相机有联想(Lenovo)、方正(Founder)、中恒(DEC)、紫光(Thunis)等。

【做一做】

请到数码市场走一走,并咨询一下当前流行的数码相机的品牌和型号,将其填入下表中。

流行品牌	主要型号	价 格

三、数码相机的主要技术指标及配件

(1)液晶屏
液晶屏是预选场景及浏览照片的窗口,正是它体现了数码相机相对于传统相机的最大优越性。液晶屏越大越好,但切不要为追求大屏幕而忽视了其清晰度,而且屏幕越大耗电也越多。

（2）CCD 效果

CCD 的尺寸大小是决定画质的根本因素之一，也是最为重要的。

【小资料】

> CCD 即"电子耦合组件"（Charged Coupled Device），它是像传统相机的底片一样的感光系统，是感应光线的电路装置。你可以将它想象成一颗颗微小的感应粒子，铺满在光学镜头后方，当光线与图像从镜头透过，投射到 CCD 表面时，CCD 就会产生电流，将感应到的内容转换成数码资料储存起来。CCD 像素数目越多，单一像素尺寸越大，收集到的图像就会越清晰。

（3）光学防抖技术

光学防抖给机主带来极大方便和有效提高照片质量，选择时要注意区别数码防抖和光学防抖技术。

（4）光学变焦和广角功能

这是相机成本的主要因素。一般来说，家用相机的光学变焦为 3~6 倍。特殊需要，长焦相机会有一定优势，但是由于成像原理不同还有成本的考虑，长焦相机的 CCD 尺寸都比较小。广角功能在拍风景时是很有用的，会拍摄出很好的效果，但也是相机成本的构成之一。

（5）ISO 感光值

ISO 感光值是对光线反应的敏感程度测量值，通常以 ISO 数码表示，常用的表示方法有 ISO 100、ISO 400、ISO 1000 等，数值越大表示感光性越强，所以尽量选择 ISO 1600 以上的相机。

（6）数码相机的噪点控制

数码相机的噪点控制直接影响到相机的质量，判断的办法除了肉眼，就是多看相关资料和评测。

（7）像素

像素高不仅能给后期照片处理带来较大空间，最主要的是高像素相机会带来硬件的全面提升。

（8）功能

不同品牌的数码相机所提供的功能模式是有明显区别的。通常选择相机功能包括：是否支持连拍，录制短片是受时间限制还是受存储卡限制以及是否有录音功能，液晶菜单是中文的还是英文的，手动对焦点数，有几种白平衡，等等。有特殊要求的就要关心相机提供哪些特效了。

（9）电池

数码相机配置的电池有很多种，常用的有专用锂电池和 5 号 AA 电池两种。对于配置专用锂电池的，可通过检查电池金属接口上是否有划痕来判断它是新的还是用过的。

四、选购适合自己的数码相机

在选购数码相机时应遵循自己的应用需要和经济承担能力相结合的原则。在经济条件许可的情况下,选购应注重相机的实际应用,重点应考察以下几个方面的指标:

- 像素:尽量选择像素高一点的相机。
- 液晶屏:选购原则是"适中即可"
- CCD 效果:尽量选择 1/1.8 左右 CCD 尺寸的相机,一定要测试各种模式(如自动、手动、远景、近景、夜景等)下的效果。可以通过拍手纹、手机纹理、人脸等来比较其细腻程度。
- 防抖技术:应选择光学防抖技术。

【想一想】

有一个广告公司想购买一台数码相机,主要用于拍摄一些外景素材和一些资料上的素材。请你参考网络上的流行品牌和主要性能,以够用为原则为其选购一个品牌中某型号的相机,说一说购买这款相机的理由。

五、选购适合自己的数码相机存储卡

1.数码相机存储卡的种类

在选购之前应了解数码相机存储卡种类。

- 记忆棒:用于索尼家族的数码相机、MP3、数码摄像机、电子玩具、PDA 等产品。以往记忆棒有两个版本,俗称"蓝棒"和"白棒",对较小尺寸的媒体提供 1 GB 容量,对标准尺寸的媒体提供 2 GB。现代记忆棒的存储容量已达到 8~32 GB。

- CF 卡:几乎使用在所有数码相机生产厂商的产品中。目前,市场可以见到的 I 型 CF卡最大容量为 4 GB,Ⅱ型 CF 卡容量达到 12 GB。

●SD/MMC 卡：SD 卡适用于各类电子商品。MMC 卡广泛使用于数字相机、智能手机（Smart Phones）、PDA、数码录放音机上。MMC 卡与 SD 卡基本能通用。目前，mini-SD、RS-MMC、Trans-Flash 兴起，主要用于手机上。

●XD 卡：这种卡不仅能储存音乐、照片和动画等资料，同时还具备 ID 保护功能，可以防止非法拷贝，适用于 Olympus 与 Fuji 数码相机系统。

2.选购存储卡

选购存储卡时应考虑以下因素：

（1）存储卡的容量

对于普及型相机，受性能和拍摄质量的限制，通常每张照片不会超过 1.5 MB，所以选用 128 MB、普通速度的存储卡就能够满足要求。高性能数码相机在拍摄高分辨率照片时，需要将较大的图片文件快速存储到存储卡上，并采用 JPG 格式压缩存储，建议选择 512 MB、1 GB 容量或更大的高速存储卡。注意：容量超过 2 GB 的存储卡在应用时需要设备的支持。

存储卡容量计算

	4 GB	8 GB	16 GB	32 GB	64 GB
照片/张	1 875	3 750	7 500	15 000	30 000
视频/min	30	60	120	240	480
音乐/首	940	1 880	3 760	7 520	15 040

*照片：2 000 万像素（5 472×2 448）；**视频：H.264@1 080P；***音乐：3.5 分钟长度的 MP3 歌曲。

（2）存储卡的厂商

在选择记忆卡时尽量选择权威厂商的产品，同时充分利用它们所提供的防伪措施来保障卡的质量。

【做一做】

有一个用户购买了一款索尼 α300 的数码相机,该用户经常需要拍摄一些质量要求很高的展览会照片,但随机配的是一个 256 MB 的存储卡,这显然不能满足要求。请你为其选购一个该款相机能支持的最大存储容量的存储卡,将其品牌和容量写在下面,并告之该用户什么地方可以购买,参考价格是多少?

任务二　使用数码相机拍摄照片

市面上的数码相机无论品牌还是型号都相当多,其使用方法基本相同,这里以 Canon EOS 40D 为例,介绍数码相机使用方法。

1.使用前的准备工作

(1)认真阅读数码相机的使用说明书,了解该相机的性能和使用方法。
(2)认识数码相机面板。
①模式拨盘面板

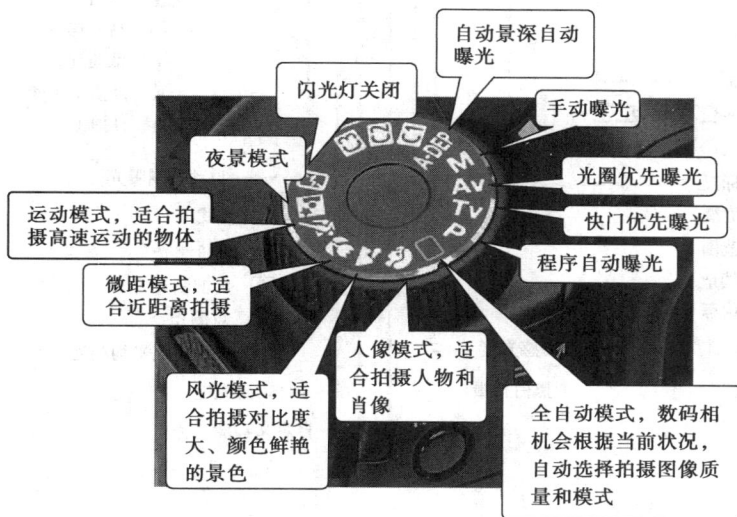

123

【做一做】

将你手上相机的模式拨盘面板模拟画在下面,看一看与上面的面板有哪些不同?

②控制面板

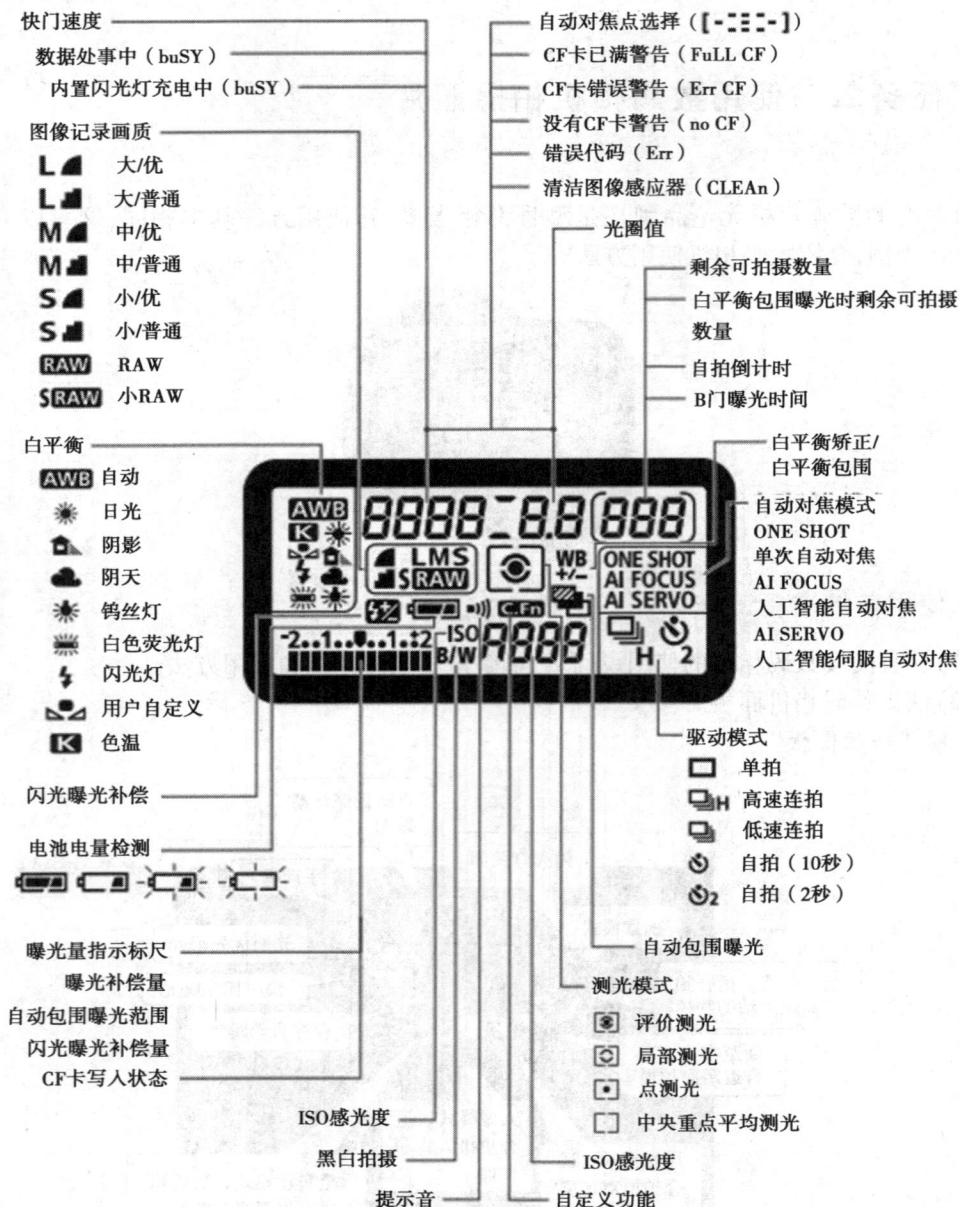

快门速度
数据处事中(buSY)
内置闪光灯充电中(buSY)

图像记录画质
L◢ 大/优
L◣ 大/普通
M◢ 中/优
M◣ 中/普通
S◢ 小/优
S◣ 小/普通
RAW RAW
SRAW 小RAW

白平衡
AWB 自动
☀ 日光
⌂ 阴影
☁ 阴天
☀ 钨丝灯
☰ 白色荧光灯
⚡ 闪光灯
⌂ 用户自定义
K 色温

闪光曝光补偿
电池电量检测

曝光量指示标尺
曝光补偿量
自动包围曝光范围
闪光曝光补偿量
CF卡写入状态

ISO感光度
黑白拍摄
提示音

自动对焦点选择([-▪▪▪-])
CF卡已满警告(FuLL CF)
CF卡错误警告(Err CF)
没有CF卡警告(no CF)
错误代码(Err)
清洁图像感应器(CLEAn)

光圈值

剩余可拍摄数量
白平衡包围曝光时剩余可拍摄数量
自拍倒计时
B门曝光时间

白平衡矫正/白平衡包围

自动对焦模式
ONE SHOT 单次自动对焦
AI FOCUS 人工智能自动对焦
AI SERVO 人工智能伺服自动对焦

驱动模式
□ 单拍
□H 高速连拍
□ 低速连拍
⟳ 自拍(10秒)
⟳2 自拍(2秒)

自动包围曝光

测光模式
◉ 评价测光
◎ 局部测光
◉ 点测光
□ 中央重点平均测光

ISO感光度
自定义功能

124

【做一做】

　　将你手里相机的控制面板分布大致画一画,比较一下与上面的面板有多大不同? 并将不同的功能标出来。

（3）在使用相机之前请检查你的相机是否安装电池或电池是否能满足正常使用。

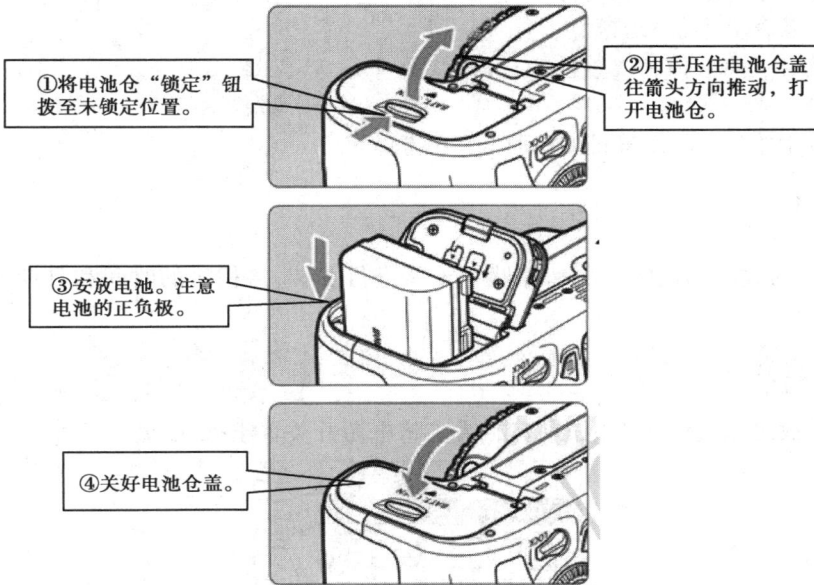

①将电池仓"锁定"钮拨至未锁定位置。

②用手压住电池仓盖往箭头方向推动,打开电池仓。

③安放电池。注意电池的正负极。

④关好电池仓盖。

（4）第一次使用时请插入存储卡。

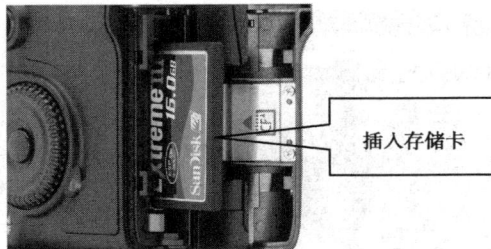

插入存储卡

友情提示

使用存储卡时应注意:

◆ 长期不用请将存储卡取出。这样做能够避免各种意外的发生,有效保护存储卡的触点,并有效延长存储卡的寿命。

◆ 不要对存储卡施以重压,不弯曲存储卡,避免存储卡掉落和受撞击。

◆ 避免在高温、高湿度下使用和存放,不将存储卡置于高温和直射阳光下。

◆ 要避开静电和磁场存放存储卡。

◆ 避免触及存储卡的外露触点。

◆ 将存储卡远离液体和腐蚀性的材料。

(5)第一次使用,请设置日期和时间(可选)。

【做一做】

将你手上的数码相机的电池和存储卡重新进行安装,将相机的时间和日期设置为当前的时间和日期。

2.拍摄照片

(1)打开数码相机镜头盖(如果有的话),将电源开关置于<ON>处。

(2)拍摄照片。

①在取景器或液晶显示器上对被摄对象进行构图。

利用取景窗口取景

②在构图过程中,若图像的距离不合适,可调节变焦来进行改变。

③半按下快门钮,可以启动自动对焦和自动曝光,设置快门速度和光圈,液晶显示屏上和取景器中将显示曝光设置。

在创意拍摄区模式下,按下<AF-ON>按钮与半按快门效果一样。

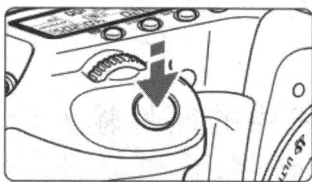

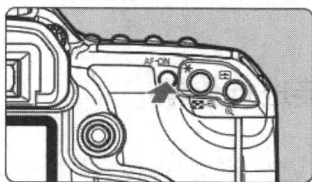

④完全按下快门钮拍摄。

⑤发出短哔声确认已拍摄。

友情提示

◆ 要获得清晰的图像,必须握持相机静止不动,以使相机震动最小。正确的握持方法是:
　(1)右手紧握住相机手柄;
　(2)左手托住镜头下部;
　(3)用右手食指轻轻按下快门按钮;
　(4)将双臂和双肘轻贴身体;
　(5)将相机贴紧面部,从取景器中取景;
　(6)将一只脚前跨半步,以保持稳定的姿态。

【做一做】

　　使用相机拍摄一次外景,要求照片拍摄清楚,内容有人物、风景、运动画面、夜景、图书资料、景物特写、天空飞鸟等。

任务三　将数码相机中的照片输入计算机

直接将相机与计算机连接进行传输

1.连接相机和计算机

数码相机与计算机连接

　　(1)关闭相机并使用随机提供的接口电缆,将电缆头连接到相机的接口,电缆插头的<↔>图标必须朝向相机正面;将电缆另一端的插头连接到计算机的 USB 接口。
　　(2)将相机的电源开关置于<ON>模式,计算机上出现程序选择屏幕时选择<EOS Utlity>,

出现相机型号选择屏幕时选择相机型号,相机的液晶监视器会出现直接传输屏幕。

2.将图像传输至计算机

传输至计算机的图像将会根据拍摄日期在 Windows 下保存至<图片收藏夹>或在 Macintosh下保存至"图片"文件夹中,选择所需选项按照指示开始图像传输。

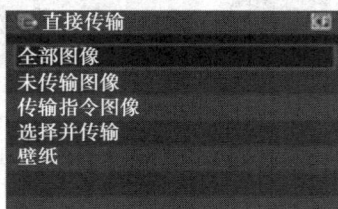

图像传输界面

- 全部图像:将 CF 卡中所有的图像传输至计算机中。
- 未传输图像:相机将自动选择尚未传输至计算机的图像,并将其传输至计算机中。
- 传输指令图像:选择图像并将其批量传输至计算机中。
- 选择并传输:单独选择要传输的图像,将其传输至计算机中。要退出,按下<MENU>按钮。

选择图片并传输

- 壁纸:选择并传输的图像将作为计算机的壁纸显示。要退出,请按下<MENU>按钮。

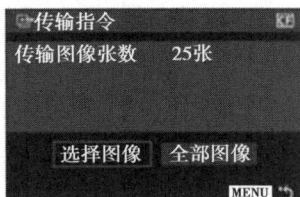

传输图片

逐个选择指令和图像,按下 <SET> 将显示的图标加入传输指令。在左上方将出现<√>图标,完成传输指令后,按下<MENU>按钮将传输指令保存到 CF 卡中。

传输图片

3.使用读卡器向计算机中传输照片

（1）取出存储卡。

（2）将存储卡插入读卡器中，再将读卡器与计算机连接，将存储卡中的照片传输至计算机中。

【做一做】

将上一次社会实践拍摄的照片传到计算机中,让同组的同学们看一看哪些是拍摄质量好的照片？拍摄质量不好的照片的缺点在哪里？出现问题的原因是什么？

任务四　维护数码相机

1.升级你的数码相机

通过固件的升级,可以提高系统的性能并改善其功能。数码相机的固件和计算机主板BIOS 一样是烧录在芯片上的。目前,大部分数码相机的固件采用了可擦写芯片,只需要利用一个简单的工具软件以及相应的数据就可以对其进行升级。

升级方法如下：

（1）从你的相机厂商网站上查看和下载升级用的固件软件包。注意：有的相机不能升级。

（2）解压后就会获得一个升级文件。

（3）将此文件拷贝到相机的存储卡中。

（4）将相机模式转盘保持在播放档，打开相机，调出播放档的菜单，选择菜单里的"升级"选项，按下"确认"键，固件升级就开始执行了。几十秒后，相机升级完毕，之后会伴随一声清脆的启动声音，液晶显示屏上会出现提示"升级成功"。重新启动相机，整个固件升级工作就完成了。

友情提示

◆ 不同厂商的相机升级方法有所不同，在升级前一定要仔细阅读相机说明书中的升级步骤。有的品牌相机不支持升级，请不要盲目地使用这项功能。

【做一做】

根据你家的相机品牌，仔细阅读一下说明书，看是否可以升级？若能，请将升级步骤写在下面。

2.注意日常的使用习惯

（1）注意数码相机的存放。在保存前，要先取出电池。

（2）注意防烟避尘。数码相机应在清洁的环境中使用和保存，这样可以减少因外界的灰尘、污物和油烟等污染导致相机产生故障。

（3）要注意预防高温。相机不能直接暴露于高温环境下，不要将相机放在太阳下和炙热的汽车里。如果在太阳下使用，要用一块有色且避沙的毛巾或裱有锡箔的遮挡工具来避光。

（4）防水防潮。在使用过程中，不排除有突发原因或其他因素，必须在潮湿环境下工作，这时可以随身带一个塑料拉锁链袋子，在袋子的侧面挖一个小洞刚好放得下相机镜头，把相机放在袋子里，不让雾气、湿气和尘土进入相机。如果不小心喷到水、饮料时，应立即将电源关掉，然后擦拭机身上的水渍，再用橡皮吹球将各部位的细缝喷一次，风干几个小时后，再测试相机有没有故障。

友情提示

◆ 千万不要马上急着开机测试，否则可能造成相机电路短路。

（5）保护好相机的镜头。使用后关闭电源并盖上镜头盖，千万别用硬纸、纸巾或餐巾纸来清洗镜头，更不能用手指直接擦拭镜头。

（6）保护好相机的液晶显示屏。在使用、存放中，要注意不让液晶显示屏表面受重物挤压，更不能将相机掉地上。液晶显示屏表面只能用干净的软布轻轻擦拭，一般不能用有机溶剂清洗。

3.清洁相机

（1）清洁外壳，请用软布轻轻擦拭。如果相机很脏，用中性洗涤剂将布浸湿后，拧干擦拭相机，然后用干布擦干。

（2）请用软布轻轻擦拭液晶显示屏和取景器。

（3）请用市售的橡皮吹球吹掉镜头上的灰尘，然后用镜头专用清洁纸轻轻擦净。

（4）用软布轻轻擦拭插卡。

友情提示

◆ 请勿用苯或酒精等烈性溶液或化学抹布清洁照相机。
◆ 请务必在取出电池或拔下 AC 转接器后进行清洁。

4.排除常见故障

• 用数码相机近距离拍摄的照片效果很差。

故障分析：现在市场上流行的多数数码相机不具有微距拍摄的功能，所以最好在数码相机的焦距范围内拍摄照片。

故障排除：如果数码相机有微距拍摄功能，只要激活其功能并在相机允许的近距离范围内拍摄照片即可得到较好的效果。

• 用数码相机拍摄的景物与 LCD 监视器里显示的景物有位置移动的现象。

故障分析：因为所有的相机在拍摄时都会有停滞的现象，也就是在按动快门后到实际拍摄出景物之间有一定的延时，此时如果景物有变化或拍摄者的手抖动，就会造成这种故障的发生。

故障排除：使用三脚架或更换为停滞时间短的数码相机即可解决问题。数码相机在电量不足情况下也有可能导致这种故障的发生，这时只需要更换电池即可。

• 数码相机使用的是外接电源，在使用时不小心碰掉了外接电源的插头，当再次开机使用时，发现相机中的 SIM 卡既无法删除旧照片，也无法再保存新照片。

故障分析:可能是由于 SIM 卡正在使用时突然断电使写入数据错误或存储卡数据系统紊乱,从而导致无法删除和保存照片。

故障排除:使用读卡器重新格式化 SIM 卡后即可解决问题。

• 数码相机在拍照时突然自动关闭。

故障分析:(1)如果数码相机突然自动关闭,首先应该想到的是电池电力不足。数码相机是个耗电大户,由于电池电力不足而自动关闭的现象经常出现。(2)更换电池后,数码相机仍然无法启动,此时感到数码相机比较热。这可能是连续使用相机时间过长,造成相机过热而自动关闭。

故障排除:停止使用,使其冷却后再使用即可排除故障。

• 液晶显示器加电后能正常显示当前状态和功能设定,但是不能正常显示图像,而且画面有明显瑕疵或出现黑屏现象。

故障分析:这种现象多数是由于 CCD 图像传感器存在缺陷或损坏导致的。这种现象多发生在二手数码相机中,所以选购二手数码相机时,一定要仔细鉴别 CCD 图像传感器。如果相机没有 LCD 显示屏,CCD 览像器件的好坏一般无法直接判断,而且有的 CCD 损坏,在拍摄时一切正常,直到计算机下载照片时才发现照片一片漆黑。这只能通过实拍查看输出照片的质量才能发现。

故障排除:更换 CCD 图像传感器即可排除故障。

• 数码相机一直使用正常,但最近发现在相同的光线亮度环境下拍摄,最终成像的四角出现明暗不一的现象。

故障分析:暗角现象与镜筒组件的位置结构有一定的关系,相机中的镜头光轴与 CCD 中心相对应,这样的结构使得 CCD 四周的光量与中心相比虽然暗一点,可是并没有明显的暗角。如果 CCD 往镜筒左上角偏移,越靠近镜筒边沿入射光量就变得越少,于是暗角现象会慢慢凸现;直到 CCD 左上角完全没有了光线入射,此时暗角就会比较明显。

故障排除:

(1)在拍摄照片时将相机设置为光圈优先模式。

(2)先使用最小光圈拍摄蓝天,接着一档一档开大光圈进行拍摄。

(3)在计算机中使用看图软件浏览照片,检查周围是否有明显差异。

(4)如果出现的暗角比较明显,应该送维修站纠正 CCD 与镜筒口径位置,或更换镜筒组件。

• 数码相机使用了最高分辨率,光线也很好,但拍摄出来的照片模糊不清。

故障分析:这种现象通常是由于在按快门释放键时相机抖动而造成的。

故障排除：

（1）在拍摄照片时一定要拿稳相机，建议最好使用三脚架，或者将相机放到桌子、柜台或固定的物体上。

（2）将自动聚焦框定位于拍照物上或使用聚焦锁定功能。

（3）镜头有脏污会造成相机取景困难，从而使拍摄出的图像模糊，用专用的清洁镜头用纸清洁镜头。

（4）在选择标准模式时，拍照物的距离小于镜头的最小有效距离（0.6 m）；或者在选择近拍模式时，拍照物远于最小有效距离。

（5）在自拍模式下，应看着取景器按快门释放键，不要站在照相机前按快门释放键。

（6）在不正确的聚焦范围内使用快速聚焦功能，视距离使用正确的快速聚焦键。

友情提示

◆ 由于数码相机的感光度比较低，所以拍照时需要握住数码相机的时间较长。要拍摄清晰的照片，拍摄时必须握稳相机，因为即使轻微的抖动也会造成照片模糊。

• 数码相机拍摄的照片里的景物与实际景物发生了变化，有时偏黄，有时偏红。

故障分析：这种现象是由于白平衡没有调节好而造成的。

故障排除：在拍摄时一定要先观察周围的环境，拍照之前把白平衡调节好即可排除故障。

友情提示

◆ 白平衡调节功能的作用和在使用传统相机进行彩色摄影时加色温滤色镜的作用类似，目的是达到准确的色彩还原，只是数码相机的色温不需要在镜头上加滤镜，而是采用电路调整方式，靠电子线路改变红、绿、蓝三基色的混合比例，把光线中偏多的颜色成分修整掉。

• 数码相机使用的是最高分辨率，但拍摄的照片颜色发暗，而且上面出现颗粒图像。

故障分析：这种现象可能是由于光线不足造成的。

故障排除：如果相机有闪光灯，不仅在室内拍照需要使用，而且在室外拍摄阴影下的物体时也要使用，这样可以避免照片发暗，也可以避免出现颗粒状图像的现象。

友情提示

134

◆ 使用数码相机拍照时，光线对照片的影响最大，大多数数码相机的光敏感度相当于ISO 100 胶卷的感光度。因此，只要光线不足时，不管是在室外还是在室内，最好打开闪光灯。

• 数码相机拍摄的照片上有很多小点。

故障分析：该现象多数出现在拍摄夜景的照片中,是由于数码相机的感光度太高而造成的。

故障排除：拍摄照片时把感光度调低一些,然后用相对较长的曝光时间来补偿光线的进入。这样,拍出来的照片就会有层次,而且也可以保证质量。当然,前提是要使用三脚架。

友情提示

◆ 拍摄照片时一定要明白一点,感光度的数值越高,画面的质量就会越粗糙;感光度的数值越低,画面就会越细腻。但是,感光度高意味着对光的敏感度高。所以,在弱光拍摄时,如果选择高感光度,数码相机本身的降噪系统不好时,就会造成照片中出现很多小点。

• 用数码相机拍摄的照片正常,但是打印出来后模糊不清、黑暗和过度饱和。

故障分析：这可能是打印时所用的纸张不符合要求而导致的。

故障排除：在打印图像时选好纸张类型即可避免此种现象的发生。

友情提示

◆ 打印图像时所用的纸张类型对图片质量有重大影响。同一幅图像打印在专用照相机纸上显得亮丽动人;打印在复印纸上则清晰、光亮;而打印在便宜的多用途纸上时,则会显得模糊不清、灰暗。

自我测试

一、笔答题

1.下图是 Canon Eos 40D 数码相机拍摄用到的功能按钮,请同学们简述在实际拍摄中需要用到下面哪些功能以及使用方法。

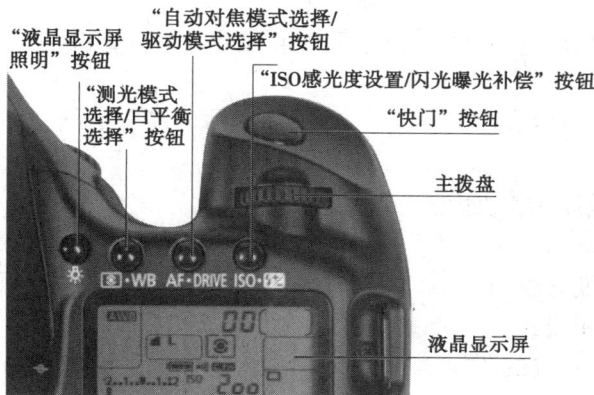

直接打印
主菜单
多功能控制杆
速控拨盘
"JUMP"按钮
"删除"按钮
"回放"按钮
"信息"按钮
照片风格
开关、速控拨盘锁

2.在实际使用单反相机的时候,如果不熟悉相机性能,一般是采用＿＿＿＿＿＿模式来进行拍摄。

3.请写出插入存储卡的步骤。

二、操作实践题

1.数码相机的使用

(1)目的要求

熟悉数码相机的使用方法,能正常拍照,并将照片存入计算机中。

(2)工具和器材

数码相机、存储卡、计算机等。

(3)训练内容

①将存储卡、电池放入相机内。

②打开电源开关。

③设置相机的日期和时间。

④设置当前的拍照模式。

⑤拍摄照片,删除不要的照片。

⑥数码相机与计算机相连,将照片存入计算机中。
（4）注意事项
①在插卡和更换电池时,要严格按照标明的方向放置。
②存储卡不要折叠。
（5）测试项目

项目测试表

项 目	操作项目	得分	扣分	备 注
放入存储卡及电池	①电池正负极正确放置 ②安装存储卡 ③操作规范			
设置相机的日期和时间	①设置时间 ②设置日期 ③操作规范			
拍摄模式的设定及拍照	①设置拍摄模式 ②操作规范			
回放所拍画面	回放所拍摄照片			
将图片存入计算机	①将计算机与数码相机相连 ②将照片存入计算机 ③操作规范			

2.用你的数码相机进行构图拍摄,要求拍摄以下内容:
（1）近距离人物
（2）教材中某一页的内容,要求文字清楚
（3）一朵鲜花
（4）全班同学的合影
（5）街道夜景
3.将你所拍摄的照片输入计算机中,看一看拍摄的效果,如果有不足,找到原因。

模块七

使用与维护投影机

随着时代的发展,投影机已经成为会议、商务、大型展览等不可缺少的设备。因此,投影机的使用是现代办公中必不可少的技能。本模块主要内容包括:投影机的基本工作原理和组成、投影机的分类和技术指标、投影机的使用与维护。

通过本模块的学习,你将能够:

◆ 了解投影机的种类、主要技术指标、基本组成结构及原理;

◆ 选购一台适合自己的 LCD 投影机与 DLP 投影机;

◆ 安装、连接与使用投影机;

◆ 维护和保养投影机。

任务一　认识投影机

一、投影机的用途

在 21 世纪的今天,媒体的展示形式越来越多,其中用于大屏幕演示的投影机,如商务用投影机,会场、剧院用投影机,家庭用投影机,投影电视机等,受到人们的关注。它们能与计算机画面同步投影,生动地展示所要表现的内容。

二、投影机的分类

（1）按投影的方向分:正向投影、背投式投影。
（2）按结构分:便携式、台式和立式。
（3）按屏幕与投影机安装方式分:整体式和分离式。
（4）按投影原理分:CRT 投影机、LCD(液晶)投影机和 DLP(数字光学)投影机。

【说一说】

你们教室里使用的投影机是什么类别?

三、投影机的工作原理

外观大体相同的投影机因所使用的显示元件不同,内部的光学系统各异,有着不同的种类。

1.3LCD 方式

3LCD 方式是从光源射出的光线,通过特殊的分色镜分离成红、绿、蓝三原色,然后采用各色专用的 LCD 绘制图像,经合成后投影,如下图所示。

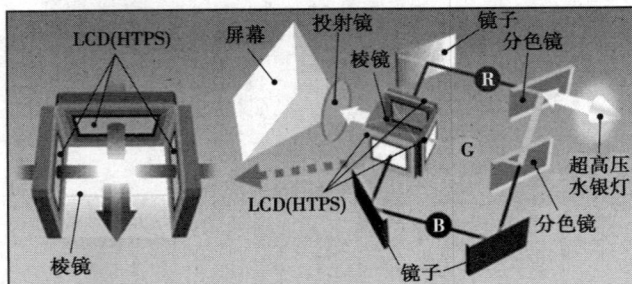

3LCD 分离光线原理图

　　液晶有活性液晶体和非活性液晶体。非活性液晶体反射光,一般用于笔记本电脑、胶片投影仪上;而活性液晶体具有透光性,做成 LCD 液晶板,用在投影机上。通过控制系统,可以控制通过 LCD 的光的亮度、颜色、对比度等。

　　LCD 液晶板的大小决定着投影机的大小。LCD 越小,则投影机的光学系统就能做得越小,从而使投影机越小。会议室用投影机多为 1.32 in 的 LCD 液晶板,便携式投影机为 0.9 in 的 LCD 液晶板。现在有 SVGA 和 XGA 的 0.7 in 液晶板推出。

　　液晶板与像素的关系:像素数=分辨率×液晶板个数

2.DLP™*1方式

　　DLP 方式采用数字微反射镜装置(DMD)作为成像组件。投影机背光灯泡发出的光通过透镜会聚到高速旋转的色轮,产生红、绿、蓝三原色,包含三原色的光线再通过分色棱镜投射至 DMD 芯片,DMD 上的微镜片在调制信号的控制下,以每秒 5 000 次的速度高速转动,将入射光反射,最后通过镜头投影至幕布实现彩色成像,如下图所示。

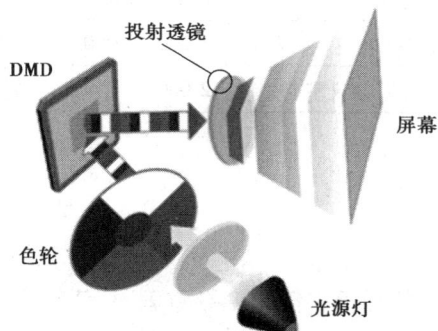

DLP 投影原理图

　　DMD™在结构上是在半导体基板上铺满反射镜,通过 ON/OFF 来使这些反射镜倾斜。DLP™是指使用了 DMD™的光学系统的总称,使色轮旋转显示出与某个瞬间的色彩一致的画像,能通过每秒数千次的旋转来显示全彩色。

3.CRT方式

　　CRT 投影机采用技术与 CRT 显示器类似,是最早的投影技术。它的优点是寿命长,显示的图像色彩丰富,还原性好,具有丰富的几何失真调整能力。由于受技术的制约,无法在提高分辨率的同时提高照度的流明数(lm),直接影响 CRT 投影机的亮度值,到目前为止,其亮度值始终徘徊在 300 lm 以下,加上体积较大和操作复杂,已经被淘汰。

四、投影机的技术指标

以某一个投影机为例,它的技术参数如下表所示:

投影技术:LCD	标称亮度/ANSI 流明:3 000
标准分辨率:1 024×768	对比度:750:1
投影方式:正投/背投/吊投/桌面	质量/kg:3.8
投影距离/m:1.6~12.2	调整功能:光学梯形矫正:-40°~+40°
有效扫描频段:15~120 kHz,垂直:50~120 Hz	

• 投影机的亮度:"light out"是投影机主要的技术指标,"light out"通常以光通量来表示。光通量是描述单位时间内光源辐射产生视觉响应强弱的能力,单位是流明。投影机表示光通量的国际标准单位是 ANSI 流明。

不同环境的投影亮度要求:

投影机使用环境	投影机的适用亮度/ANSI 流明
50 m² 以下的小会议室	800~1 200
50~400 m² 的中型教室、会议室	1 200~2 000
400 m² 以上的大型会议室、教室	2 000 以上

友情提示

◆ 高亮度投影机在面积小的环境中使用会导致刺眼,使观众眼睛疲劳,长期观看甚至导致眼睛红肿、流泪等现象。因此,建议根据使用环境的大小,选择亮度适宜的投影机。

◆ 不要试图将高亮度投影机调低亮度使用(为了不刺眼),否则画面将失去对比度或色彩饱和度。同理,不要将低亮度的投影机调高亮度使用。最佳使用亮度是投影机出厂设置的亮度,在该设置下,投影效果最好。

• 投影机对比度:对比度的含义是黑色亮度与白色亮度的对比值,一般用 300:1,600:1 的方式来表示。

不同环境下的对比度要求:

使用范围	简单图文演示	高画质图文演示	观看电影
对比度基本要求	300:1	450:1	800:1

● 分辨率:投影机的参数上看到了一些标称,如 VGA、SVGA、XGA、UGA、XUGA 等,都是显示分辨率的标准。投影机常用的分辨率如下:

分辨率标准	VGA	SVGA	XGA	UGA	XUGA
具体分辨率	640×480	800×600	1 024×768	1 280×1 024	1 600×1 200

一般来讲,LCD 投影机的输出分辨率和液晶板的尺寸相关,DLP 投影机的输出分辨率和 DMD 微镜数量直接相关。

● 梯形校正:在投影机的使用中要求:

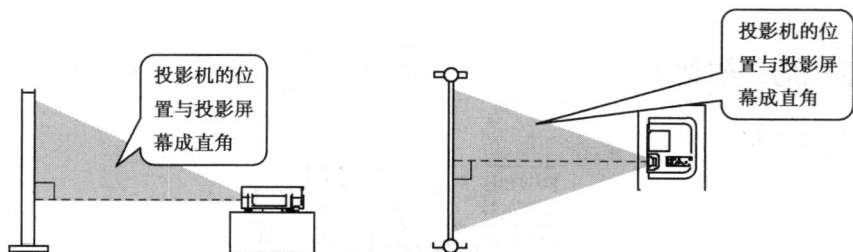

投影机的位置与投影屏幕成直角

投影机的位置与投影屏幕成直角

如果投影机与屏幕不是直角,会产生如下图所示梯形现象,使用梯形校正功能,保证画面是矩形。

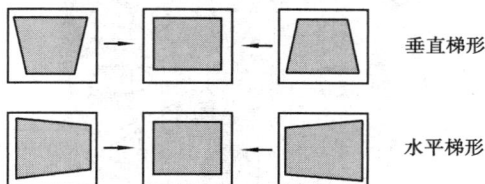

垂直梯形

水平梯形

友情提示

◆ 光学梯形校正:通过调整镜头的物理位置来达到调整梯形的目的。
◆ 数码梯形校正:通过软件的方法来实现梯形校正。

五、投影机的结构

1.投影机的内部结构

投影机内部结构如下图所示。

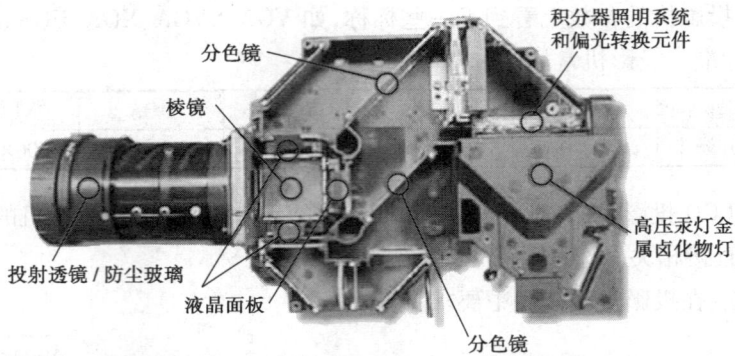

积分器照明系统和偏光转换元件

分色镜

棱镜

投射透镜 / 防尘玻璃

液晶面板

高压汞灯金属卤化物灯

分色镜

2.投影机的外部结构

（1）投影机顶部

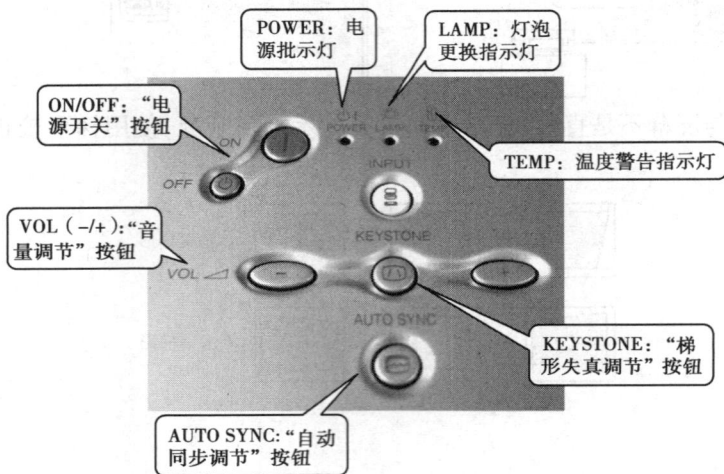

POWER：电源批示灯

LAMP：灯泡更换指示灯

ON/OFF："电源开关"按钮

TEMP：温度警告指示灯

VOL（-/+)："音量调节"按钮

KEYSTONE："梯形失真调节"按钮

AUTO SYNC："自动同步调节"按钮

（2）投影机正面

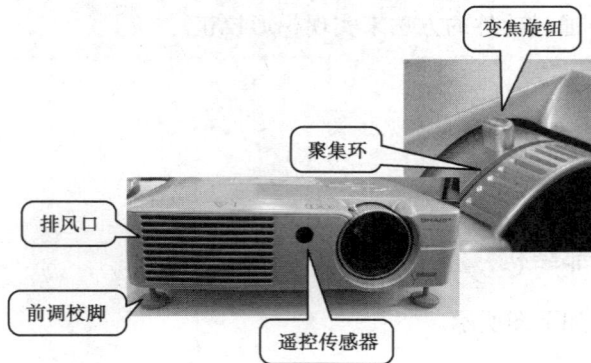

变焦旋钮

聚集环

排风口

前调校脚

遥控传感器

（3）投影机侧面

扬声器

（4）投影机底部

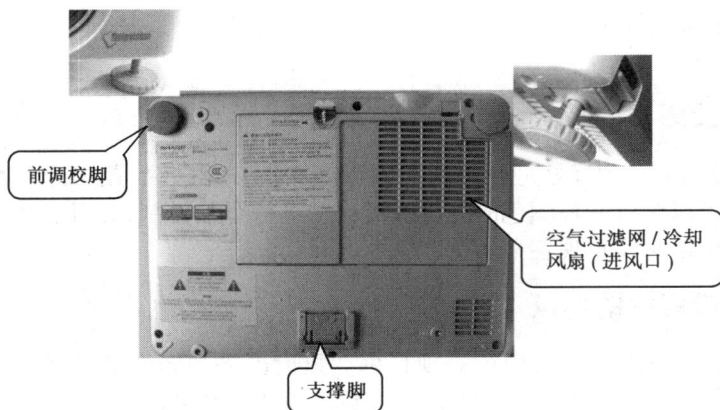

前调校脚

空气过滤网/冷却
风扇（进风口）

支撑脚

（5）投影机后部

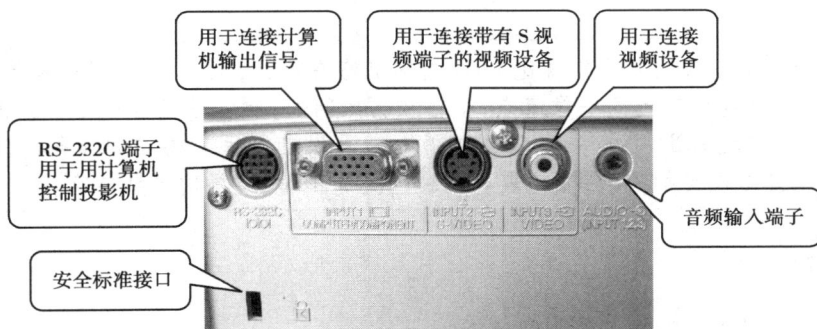

用于连接计算
机输出信号

用于连接带有 S 视
频端子的视频设备

用于连接
视频设备

RS-232C 端子
用于用计算机
控制投影机

音频输入端子

安全标准接口

（6）电源输入接口

交流电输
入插孔

进风口

【做一做】

（1）观察投影机，说出投影机的外部结构的名称。

（2）说说目前常用的投影机类型。

（3）观察你所在教室里的投影机型号，上网查询该投影机的主要参数。

任务二　选购投影机

选购 LCD 型投影机还是 DLP 型投影机,需要用户根据需要而定。

一、投影机的特点

1.LCD 型投影机的特点

LCD 型投影机的最大好处是色彩的还原程度比较好,红、绿、蓝三原色是由三片分离的液晶板完成的,可以对每一种颜色的亮度和对比度进行单独控制,并且三色光几乎可以同时到达屏幕,因此可以真实重现各种颜色。

2.DLP 型投影机的特点

投影的影像亮度较高,而且黑色表现良好。投射出来的影像更平滑、自然,影像重现质量更好。该类投影机适合视频节目的放映,家庭影院更有优势。

【知识窗】

虽然 DLP 投影机的色彩重现比 LCD 投影机略有不如,但因单片 DLP 投影机三色光都是由同一个微镜反射到同一像素点,不存在会聚问题,所以黑色区域是真正的黑色,像素点边缘不会出现 LCD 中的一些毛边和阴影。因此在展示一些细的线条时,DLP 投影机会比 LCD 投影机更加清晰锐利、黑色和白色更纯正、灰度层次更加丰富。

【做一做】

查看实作用投影机的相关资料完成下表。

投影机的类型	
投影机的型号	
投影机摆放的位置	

二、投影机的选购

146

建议在购买时仔细比较,按实际需要进行选择,从以下几个方面考虑。

- 用途:商务、教育、家庭及其他。
- 使用环境:分桌式正投、吊顶正投、桌式背投、吊顶背投。
- 服务质量:产品质量、售后三包日期长短等。
- 性价比:DLP 光反射式,使用寿命长,画质稳定性好,价格相对高;LCD 透射式,光利用率不高,对比度要逊色一些,只有(400∶1)～(800∶1),价格也相应较低。

【做一做】

学生分组咨询设备管理人员,了解学校投影机的使用现状,完成投影机设备使用报告。

三、DLP 与 LCD 的参数比较

以联想的两种投影机为例,主要参数比较如下:

联想 T20	联想 T10
投影技术:DLP	投影技术:3LCD
投影机亮度:3 600 Lm	投影机亮度:2 600 Lm
投影机分辨率:1 024×768	投影机分辨率:1 024×768
投影机对比度:2 700∶1	投影机对比度:500∶1
投影机灯泡:300 W,标准模式 3 000 h,节能模式 4 000 h	投影机灯泡:205 W NSH 长寿命冷光源灯泡,标准模式 3 000 h,节能模式 4 000 h
重量:3.6 kg	重量:2.9 kg

【做一做】

查看教室及会议室投影机的说明书,或根据型号上网查询,完成下表。

教室投影机	会议室投影机
型号:	型号:
投影技术:	投影技术:
投影机亮度:	投影机亮度:
投影机分辨率:	投影机分辨率:
投影机对比度:	投影机对比度:
投影机灯泡:	投影机灯泡:
重量:	重量:

147

任务三　安装、使用投影机

一、安装投影屏幕

1.安装支架式投影屏幕

（1）准备安装配件。

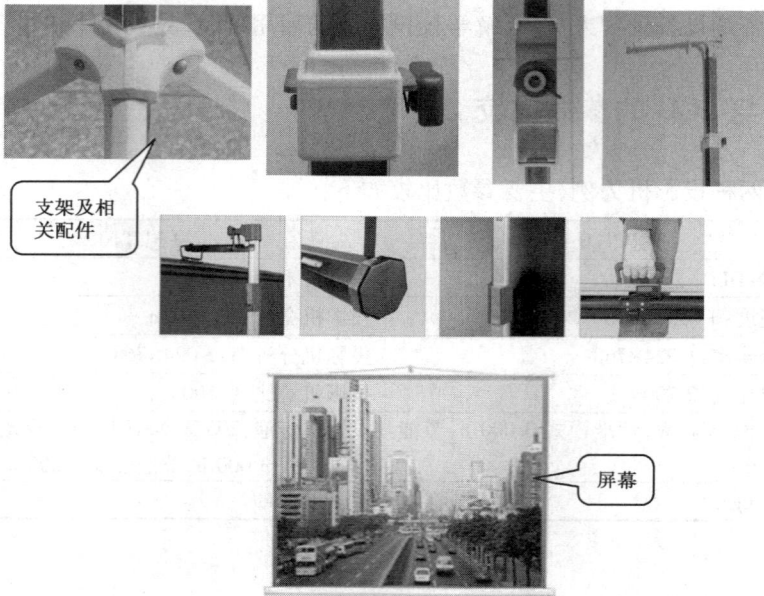

支架及相关配件

屏幕

（2）安装支架。

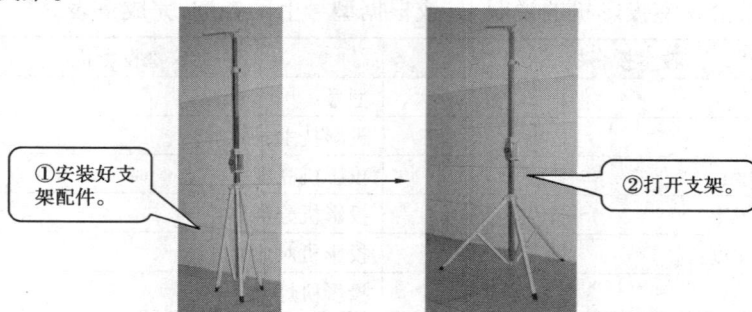

①安装好支架配件。

②打开支架。

（3）安装屏幕。

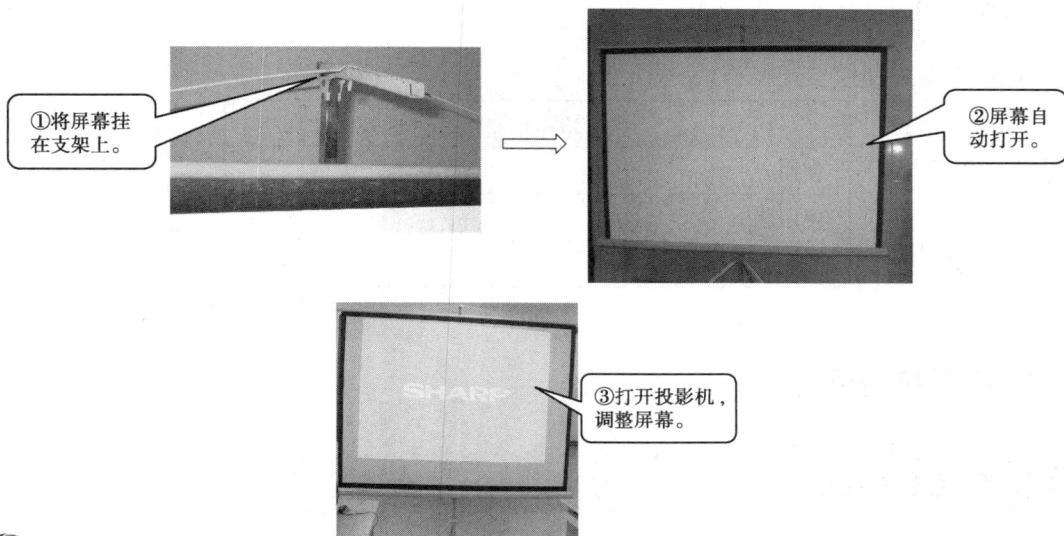

①将屏幕挂在支架上。

②屏幕自动打开。

③打开投影机，调整屏幕。

【做一做】

按以上操作环节，写出安装支架式投影屏幕的过程。

（1）

（2）

（3）

2.安装壁挂式电动屏幕

准备屏幕、配件，再进行安装，如下图所示。

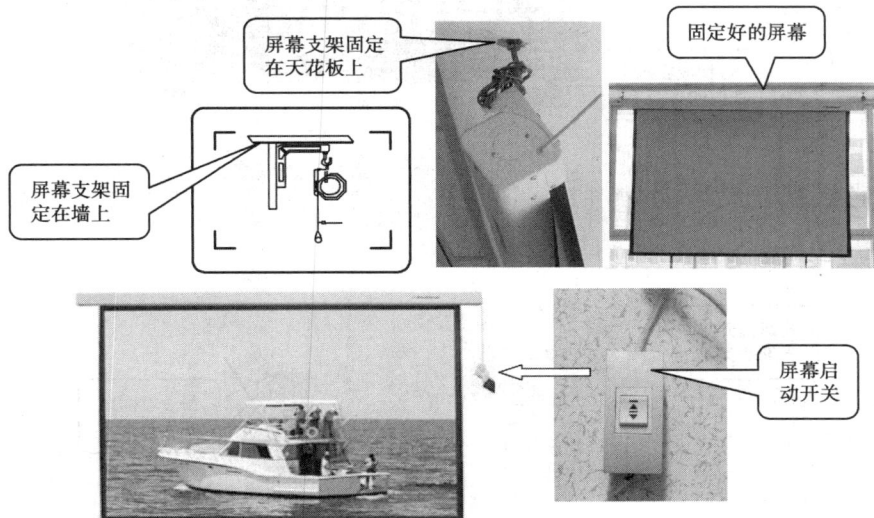

屏幕支架固定在天花板上

固定好的屏幕

屏幕支架固定在墙上

屏幕启动开关

【做一做】

观察支架式和壁挂式屏幕,完成下表。

	支架式屏幕	壁挂式屏幕
使用要求		
使用范围		
安装位置		

二、投影机的位置

1.稳定摆放在桌面上

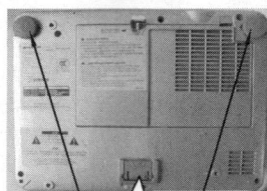

(1)调整调校脚,打开支撑脚。

(2)投影机与桌面间倾斜角度不能超过10°。

(3)摆放在水平稳固的桌面上。

2.投影机挂在屋顶上

(1)将投影机固定在天花板上,如下图所示。

投影机天花板安装支架

一端连接投影机

另一端固定在天花板上

（2）连接好电源线、数据线，如下图所示。

数据连接线

电源连接线

（3）连接并固定好相关数据线，如下图所示。

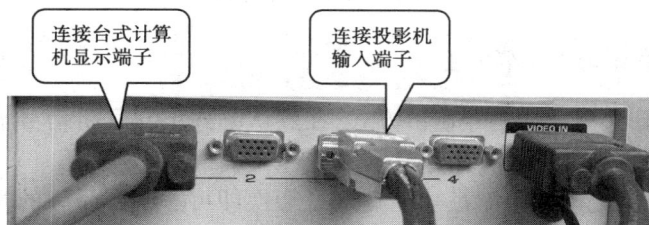

连接台式计算机显示端子

连接投影机输入端子

三、投影机与屏幕之间的距离

投影机银幕一般安装在墙上，安装距离与图像大小的关系如下：

镜头到银幕中心的距离/m	对应的图像大小（对角尺寸）/cm
5.8	381
3.9	254
3.1	203
2.3	152
1.5	102

四、连接投影机线缆

1.投影机与音视频设备相连

投影机背面图

投影机与音频设备相连

2.投影机与笔记本电脑相连

由于笔记本电脑共有 3 种信号输出方式,在默认方式下它只将信号输出到笔记本屏幕中,这会造成看不到投影屏幕中有图像显示。

解决方法:按下笔记本电脑键盘功能键进行切换即可。不同品牌的笔记本电脑的切换组合键不同,见下表。

各种品牌笔记本电脑的不同显示输出的切换组合键对应表

品　　牌	切换组合键
TOSHIBA	Fn+F5
IBM	Fn+F7
Compaq	Fn+F4
Gateway	Fn+F3
NEC	Fn+F3
Panasonic	Fn+F3
Fujitsu	Fn+F10
DEC	Fn+F4
Sharp	Fn+F5
Hitachi	Fn+F7
Dell	Fn+F8

下图是笔记本电脑与投影机连接图。

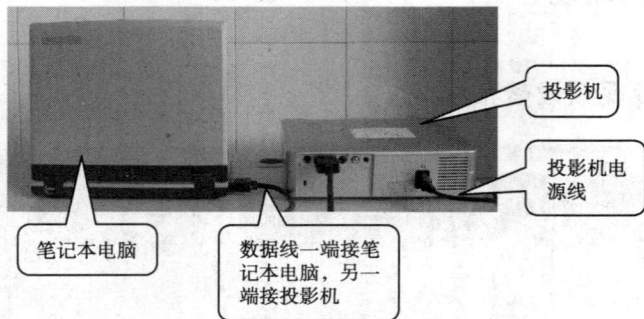

3.投影机与台式计算机相连

投影机与台式计算机相连要通过信号分配器,信号分配器输入端连接显示卡输出端,输出端分别连接显示器和投影机。连接方式参考前面内容(投影机固定在天花板上的连接方式)。

信号分配器与显示器、投影机的连接如下图所示。

投影机背面如下图所示。

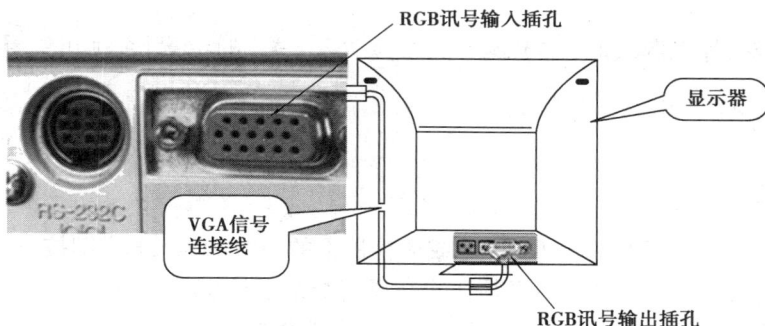

友情提示

◆ 用于单一输入、多输出的计算机信号分配器,需使用 220 V 交流电,正、背面板如下图所示。

信号分配器面板图

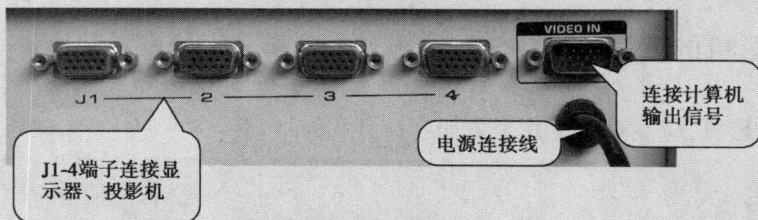

信号分配器背板图

五、使用投影机

1.启动投影机

（1）正确连接投影机和计算机。

（2）开启主电源,应把主电源按钮按至"开"的位置,使电源指示灯亮即可。注意:投影机设有两个开关:"主电源"按钮和"POWER"键。

（3）按下遥控器上的"POWER ON"键至少2 s,即可开启投影机。

（4）调整投影机聚焦,使屏幕能看到清晰的画面。

友情提示

◆ 要插入或拔掉电源线时,主电源开关必须处于"关"的位置,否则可能导致投影机损坏。

2.关掉投影机

（1）把投影机上的"POWER OFF"键或遥控器上的"POWER OFF"键按下至少2 s,电源指示灯转为橙色。关掉投影机后,必须让冷却风扇继续运行90 s(冷却期)。

（2）关掉主电源开关,电源显示灯熄灭,最后拔掉电源线。

【做一做】

（1）观察你所看到的投影机的摆放位置。

（2）你所在的教室有投影机吗? 请你简述投影机的正常投影的操作过程。

任务四 保养和维护投影机

一、投影机的保养

保养投影机,应注意以下几个方面:

1.除尘

除尘是投影机必不可少的保养工作,操作之前应将投影机的电源切断。

一般来说,除尘包括:清洁镜头、清洁过滤网和光路除尘3个方面。

●清洁镜头:操作时必须使用镜头专用纸擦拭,切忌用湿抹布擦拭机身及镜头。投影机在不使用时应将镜头盖盖到镜头上,如下图所示。

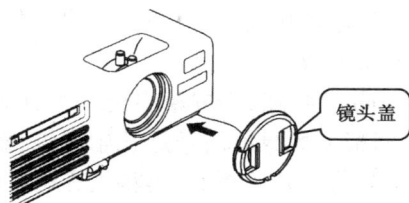

镜头盖

●清洁过滤网:使用吸尘器清洁空气过滤器和进风口,如下图所示。

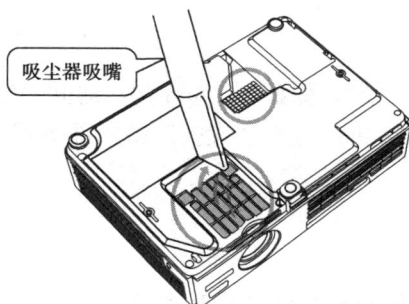

吸尘器吸嘴

如果空气过滤器堵塞或清洁空气过滤器后仍出现警告提示信息,则应更换新的空气过滤器。

●光路防尘:一定要由专业工程师操作,有问题可以联络厂商或销售公司的售后服务中心。

【做一做】

写出投影机的保养步骤。

第1步:＿＿＿＿＿＿＿＿＿＿＿＿＿＿＿＿＿＿＿＿＿＿＿＿＿＿＿＿＿＿＿＿＿＿

第2步:＿＿＿＿＿＿＿＿＿＿＿＿＿＿＿＿＿＿＿＿＿＿＿＿＿＿＿＿＿＿＿＿＿＿

第3步:＿＿＿＿＿＿＿＿＿＿＿＿＿＿＿＿＿＿＿＿＿＿＿＿＿＿＿＿＿＿＿＿＿＿

2.防止震动

在投影机使用过程中,应将其摆放稳定。吊顶安装的投影机应将支架牢固地固定在天花板上,这样才能正常投影。

3.防热、防潮

在投影机的使用过程中,其内部较高的温度容易对机器造成损害。因此,除应及时清洗过滤网外,一定要注意保证机体有个良好的散热环境,切忌挡住投影机通风口。另外,吊顶安装的投影机,要保证房间上部空间的通风散热。

4.正确开关机

正确的开机顺序:先将投影机电源按钮打开,再按下投影机操作面板上的"Lamp"按钮,等到绿色信号灯停止闪烁时,开机完成。

正确的关机顺序:先按下"Lamp"按钮,当屏幕出现是否真的要关机的提示时,再按一下"Lamp"按钮,随后投影机控制面板上的绿色信号灯开始闪烁;约 2 min 后,等到投影机内部散热风扇完全停止转动、绿色信号灯停止闪烁时,再将投影机关闭,切断电源。

友情提示

◆ 在每次开、关机操作之间,最好保证有 3 min 左右的间隔时间,目的是让投影机充分散热;否则,容易造成投影机灯泡炸裂或投影机内部电器元件被损坏。

【想一想】

为了更好地保护投影机的灯泡,应该注意哪些事项?

二、投影机的维护

1.清洁空气过滤网

投影机配备有空气滤网,以保证投影机的最佳工作条件。当投影机在使用时出现"清洁空气过滤网"信息时应进行清洁。

清洁和更换空气滤网的方法如下:

(1)用遥控器关闭投影机工作指示灯,但不拔下电源线,让冷却风扇继续自行工作,冷却期间持续约 90 s 后,再拔下电源线。

按投影机上的"OFF"按钮或遥控器上的"OFF"按钮,等到冷却风扇停转,再关掉电源

清洁进风口

清洁排风口

156

（2）拆下空气过滤器。

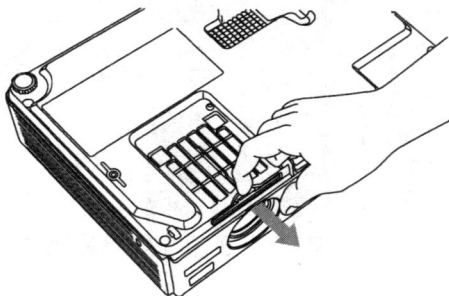

（3）将清洁后的空气过滤器或新的空气过滤器装上。

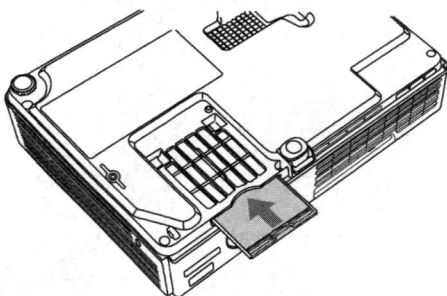

友情提示

◆ 空气过滤器架是聚碳酸酯 ABS 塑料,空气过滤器是聚氨酯泡沫体。

【做一做】

写出清洁和维护投影机的空气过滤网的操作方法。

方法 1：_____

方法 2：_____

方法 3：_____

2.投影机灯泡故障及处理步骤

投影机灯泡使用时间较长或使用不当时,会出现相应的亮度和清晰度等方面的故障。在点亮状态时,灯泡内温度有上千摄氏度,灯丝处于半熔状态。因此,在开机状态下严禁震动、搬移投影机,以防止灯泡炸裂、灯丝断裂。需要特别注意的是:因机器仍处于散热状态时断电造成的损坏是投影机最常见的返修原因之一。所以,停止使用后不能马上断开电源,要让机器散热完成后自动停机。另外,减少开关机次数有益灯泡寿命的延长。

故障案例:开机点灯,一切正常,图像输出正常,就是雾蒙蒙的一片,调到最亮的模式,还是让人感觉很黯淡。

故障分析:估计有两种情况:一是灯泡老化;二是投影机很长时间没维护。

这是开机后的投影图像，亮度黯淡不清晰，并给出提示

故障处理:进行必要的维护,若故障不能处理就只能更换灯泡。

更换灯泡的具体操作步骤如下:

(1)开机取出带架灯泡。

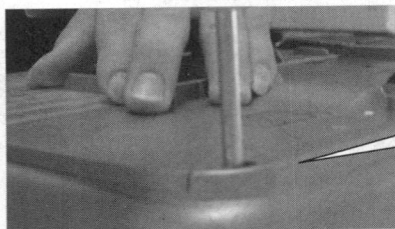

①拧开最边缘的螺丝。

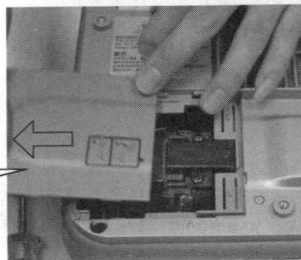

②抽开挡板,露出灯泡灯架。

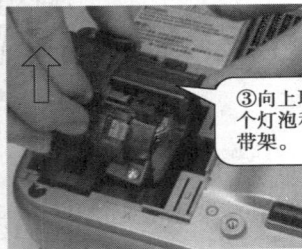

③向上取出整个灯泡和原装带架。

(2)卸掉外围的组件,取出灯泡。

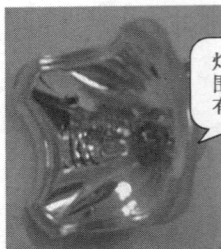

灯芯周围杯体有斑块

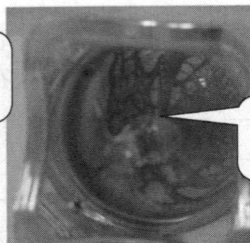

卸掉外围的组件,这是灯泡

(3)更换新灯泡。

①先用螺丝刀把线头的两端分别固定在灯杯上。

将线头长的一端固定在灯杯中部

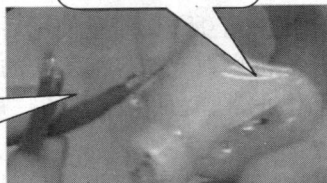

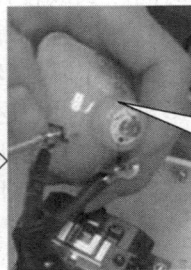

短的一端固定在灯杯尾部

②把固定灯杯与
灯架的小插件一
个一个卡紧。

③灯泡固定在
灯架上。

④线头的
尾部翘起。

⑤螺丝刀将线
头尾部固定在
灯架尾部。

⑥安装好的带架灯泡，
即将放进投影机里面。

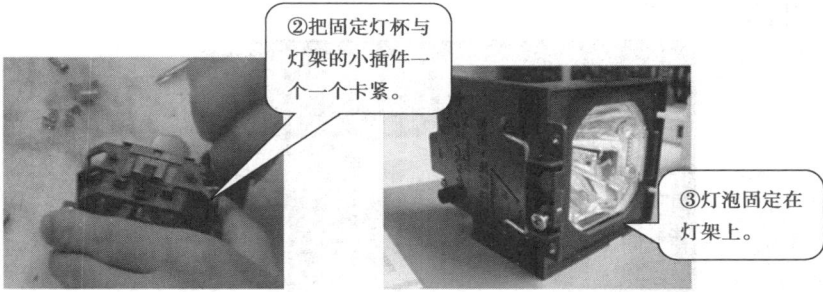

（4）将灯泡装回投影机内部。

②用螺丝刀固定灯架
与投影机之间的螺丝。

①将组装好的带架灯
泡向下放入投影机灯
泡区域。

③将灯泡后盖推上
去，合拢，再用螺
丝刀固定后盖上唯
一的那颗大螺丝。

159

（5）开机检查结果。

工作中的投影机

友情提示

◆ 灯泡是投影机的唯一耗材,直接关系着投影图像的清晰度。目前,无论是哪种投影灯泡,都有一定的使用寿命。随着投影机工作时间的延长,其亮度会不断降低,投影的图像也就会越来越不清晰,当投影灯泡老化到一定程度时就必须更换了。

【做一做】

学生分组,请设备管理老师操作如何更换投影机灯泡,同时学生写出更换投影机灯泡的步骤。

【想一想】

（1）要使投影机正常工作,应进行哪些维护?

（2）投影机在使用过程中应注意什么问题?

（3）观察你所在的教室,投影机在使用中出现过哪些问题?

自我测试

一、笔答题

1.填空题

（1）投影机的分类

①按投影机的方向分:_____投影、_____投影。

②按结构分:_____式、_____式和_____式。

③按屏幕与投影机安装方式分:_____式和_____式。

④投影机主要通过 3 种显示技术实现投影,即_____投影技术、_____投影技术以

及近些年发展起来的＿＿＿＿＿＿＿投影技术。

（2）下图是投影机的结构图,请将相关的内容写入框中。

①投影机的外部结构即投影机顶部

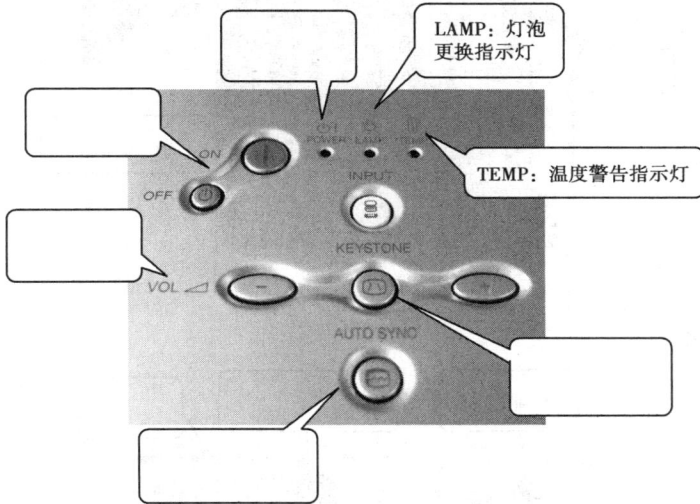

②投影机前面

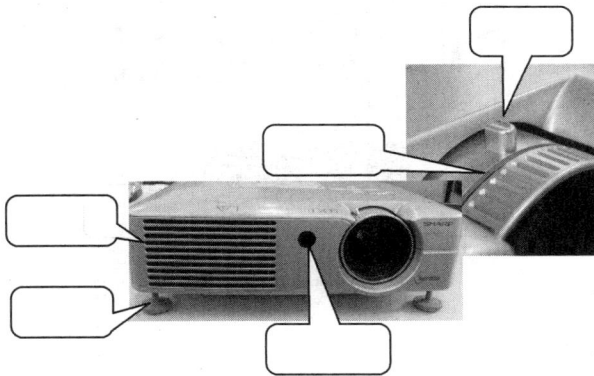

③投影机侧面

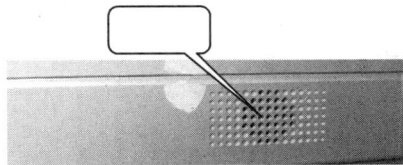

④投影机底部

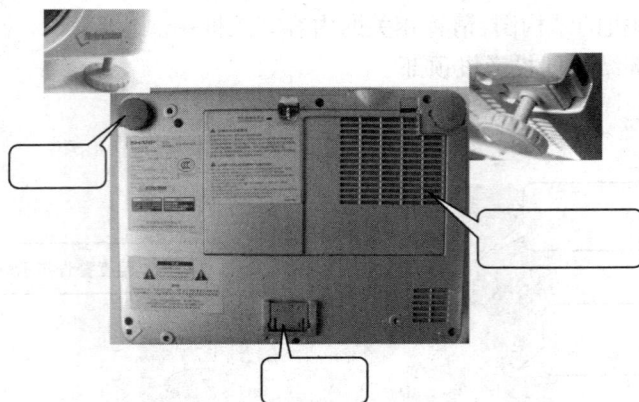

⑤投影机后部

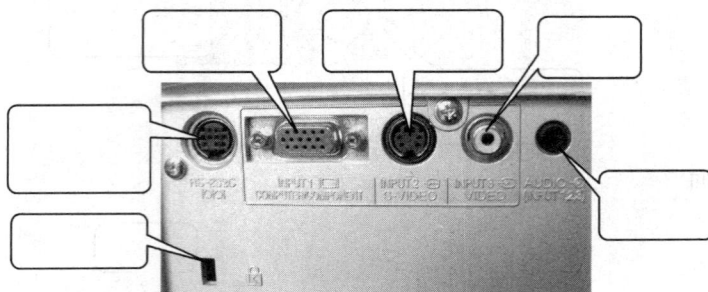

⑥电源输入接口

2.简答题

（1）简述投影机的分类。

（2）投影机的主要技术指标有哪些？

（3）如何选购投影机？

（4）如何安装投影机？

（5）投影机有几种安装方式？

二、操作实践题

1.使用投影机

（1）启动投影机

①正确连接_____和 _____。

②开启 _____,应把主电源按钮按至"开"的位置,使电源指示灯_____即可。

③按下遥控器上的_____键至少2 s。

④调整投影机_____,使屏幕能看到清晰的画面。

（2）关掉投影机

把投影机上的_____键或遥控器上的 _____ 键连续按下至少 _____ s，电源指示灯转为 _____ 亮。关掉投影机后，_____ 仍然继续运行_____ s（冷却期）。

（3）关掉 _____ 开关，电源 _____ 熄灭，最后拔掉 _____。

2.投影机的保养

一般来说，投影机防尘包括：清洁 _____、清洁_____ 和 _____ 3 个方面。另外，在使用投影机时，要注意防_____、防_____、防_____、清洁_____。

3.投影机的维护

清洁和更换空气滤网的方法：

第 1 步：_____。

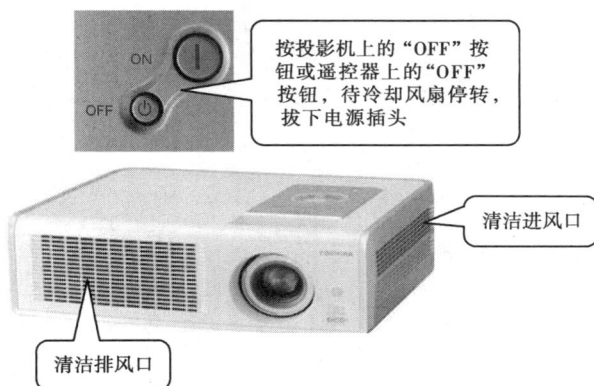

按投影机上的"OFF"按钮或遥控器上的"OFF"按钮，待冷却风扇停转，拔下电源插头

清洁进风口

清洁排风口

第 2 步：_____。

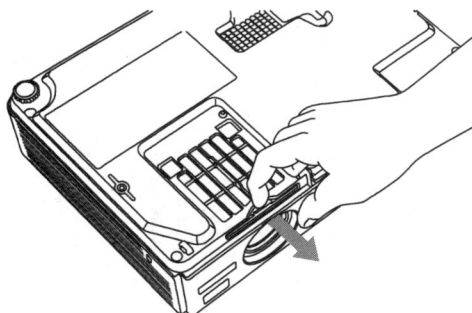

第 3 步：_____。

模块八

使用其他辅助办公设备及耗材选购

在办公设备中,除打印机、复印机、扫描仪等设备外,还有一些设备也是使用较多的,如装订机、碎纸机、刻录机等。本模块主要讲述辅助办公设备的使用和常用办公耗材的选购。

通过本模块的学习,你将能够:

◆ 了解装订机、碎纸机、刻录机等辅助办公设备的用途;

◆ 学会使用装订机、碎纸机、刻录机等辅助办公设备;

◆ 根据自己需要选购合适的办公耗材。

任务一　认识和使用装订机

一、认识装订机

以往档案、单据装订均采用人工手钻和用手串线，不仅效率低，而且做工差。装订机由钻眼机、上线机、单据加板和档案加板4个部分组成，具有设计合理、造价低廉、省时、省力、快捷、高效等特点，适用于各企事业单位。

装订机分为手动装订机、电动装订机和全自动装订机，其中全自动装订机也是电动装订机。在一般办公使用中，因手动装订机价格便宜，所以使用最为广泛。电动和全自动装订机一般适用于经常需要装订和专业的文印公司。

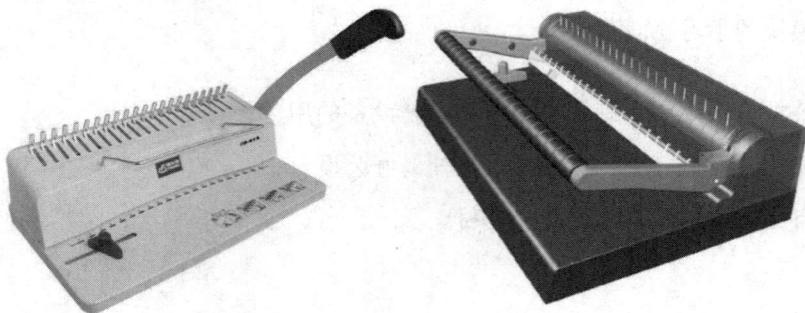

手动装订机

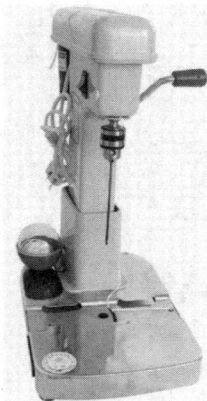

电动装订机

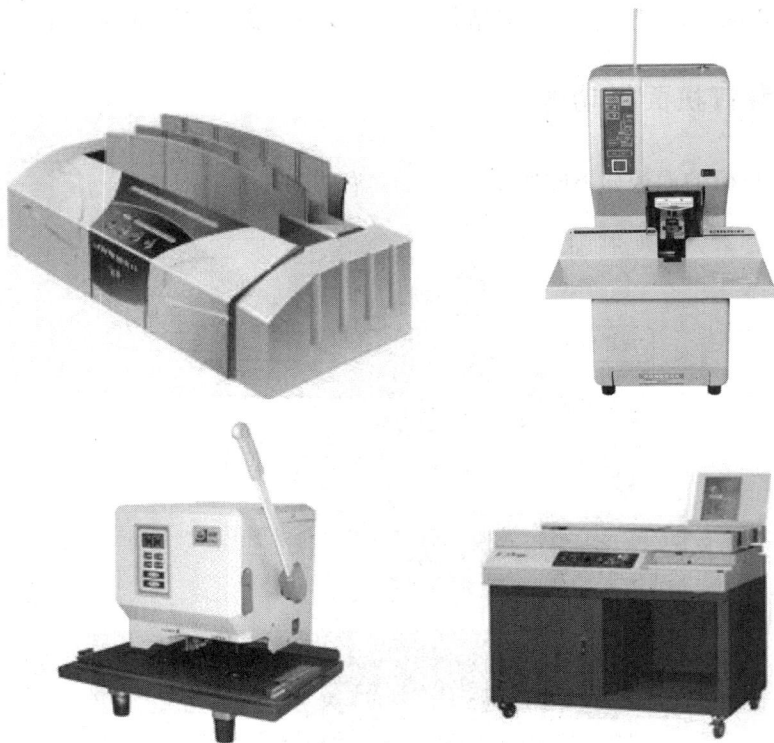

全自动装订机

二、装订机使用时的注意事项

（1）装订机使用时，要摆放在平整、坚固的桌面上，同时保持整洁，避免遭受潮湿、日晒等侵袭。

（2）需要电源的机型要正确、安全地连接电源，用完后立即拔掉电源插头。在雷电等特殊情况下不要使用。

（3）梳式装订机每次在打孔时切忌超过该机型所允许的最大打孔页数。特别注意：透明胶片一次不超过 2 张，封皮纸一次不超过 4 张。

（4）对于可调打孔边位的装订机，应注意边位距离与胶圈直径相匹配，在使用时请掌握如何根据装订页数选择胶圈规格，否则会出现如下影响装订效果的情况。

①胶圈小，边位距离大：装订好的文件不容易翻动，并有可能褶皱。

②胶圈大，边位距离小：翻动文件时，页间隙太大，影响整体效果，且如果长时间翻动易出现掉页现象。

（5）使用热熔装订机时，注意机内有高温，谨防烫伤。

（6）使用热熔装订机时，一定要将文件整理整齐方可放入封套内，否则装订的文件会参差不齐。封套加热完毕后，需用手稍微整理固定一下热胶，这样装订的文本整齐有形。刚加热完毕切忌立即翻动文本，否则易造成散页，待胶条冷却凝固后方能翻动。

167

（7）选用正品装订材料（胶圈、热熔封套等），以保证装订的质量，避免损伤机器。

三、认识装订机面板功能

手动式装订机的面板如下图所示：

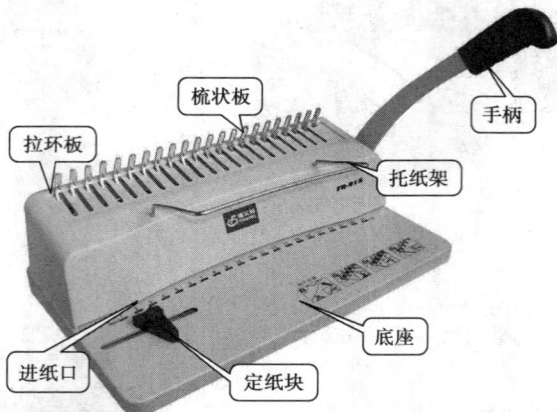

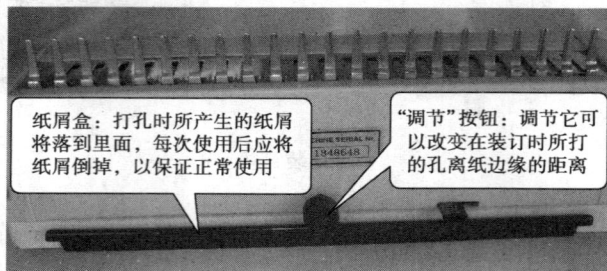

友情提示

◆ 用调节螺杆调节边距，规则是：拉圈直径大，纸张边距调大；拉圈直径小，纸张边距调小。

◆ 第一次使用时应安装手柄，手柄安装方法是：将随箱配制的手柄套入装订机右边方轴位置上（注意：手柄工作角度），用锁紧螺钉拧紧。

四、装订文档

装订机装订文档的步骤非常简单，按下图所示步骤进行即可。

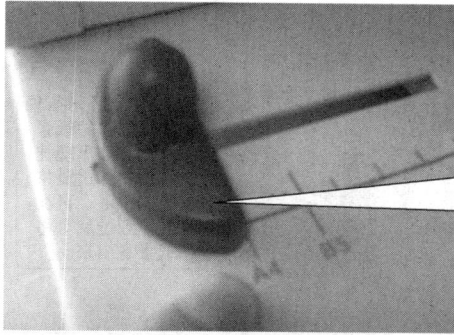

（1）将定纸块设定到与纸张大小相同的位置。

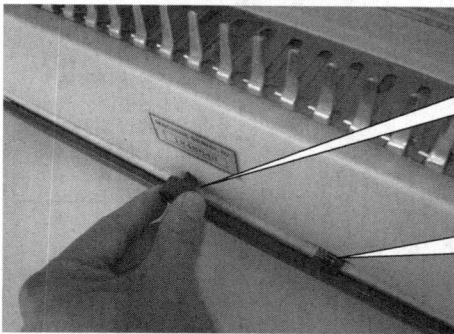

（2）根据刻度调整切纸幅面。

此刻度尺可显示切纸幅面的宽度

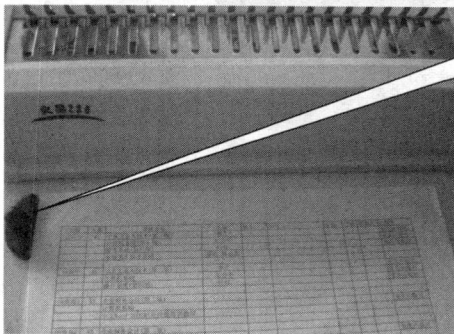

（3）将纸张整理整齐，紧靠定位块，将纸张平行送入机器内，顶到位为止。

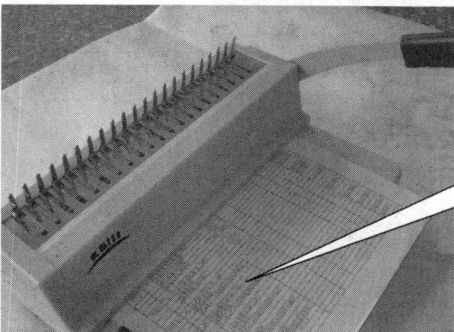

（4）左手压住纸张，右手握住手柄，往下压至刀片穿透纸张，再将手柄提起来。

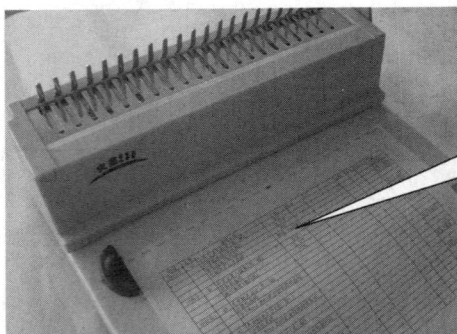

（5）双手平衡地将打好孔的纸张拿出，如出现挂纸现象，重复将手柄压下，再往上提到位就可将纸张拿出来。

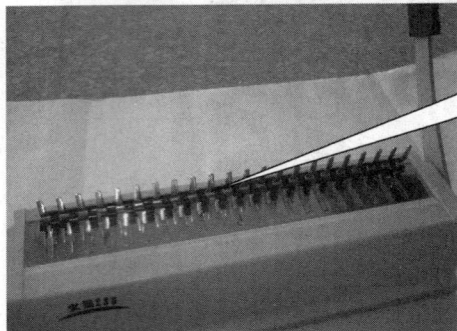

（6）根据装订页数选择合适大小的胶圈，放在梳状齿条上，压下手柄至合适位置，锁紧。

（7）将已切好的纸张切纸孔对准胶圈尖位并穿入，压下手柄，解除胶圈锁定，文件即装订成本。

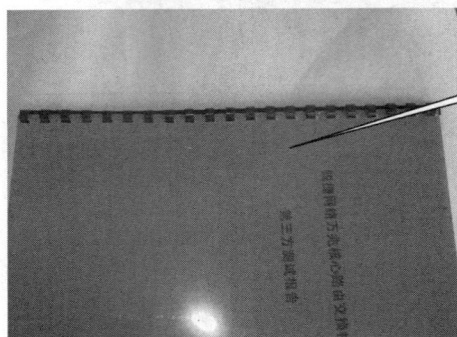

装订好的文档

友情提示

使用梳式装订机时应注意：

◆ 常用的装订机切纸量 16 张(80 g/A4)。机型不同时,纸量不一样,必须根据各个机型说明书规定的纸量来决定,不能超出,否则会造成以下状况:①手柄压不下,穿不透纸;②边距不均衡,纸边容易卷角;③造成方轴扭曲,缩短其使用寿命。

◆ 为避免再次切纸困难造成文件破损,请在额定切纸量内切纸。

◆ 禁止切湿纸、布类、塑胶等杂物。

◆ 注意切纸时有无订书钉、回形针在其上,应将其去掉后再进行切纸。

【做一做】

请按上面介绍的方法将自己的相关资料装订成册。

任务二　认识和使用碎纸机

一、认识碎纸机

　　碎纸机是由一组旋转的刀刃、纸梳和驱动马达组成的,纸张从相互咬合的刀刃中间送入,被分割成很多的细小纸片,以达到保密的目的。根据碎纸刀的组成方式,现有的碎纸方式有:碎状、粒状、段状、沫状、条状、丝状等。市面上有些碎纸机可选择两种或两种以上的碎纸方式。不同的碎纸方式适用于不同的场合,一般性的办公文件选择段状、粒状、丝状、条状的就可以了,但对保密要求比较高的文件就一定要用沫状的碎纸处理。目前采用 4 把刀组成的碎纸方式是最先进的碎纸方式,碎纸的纸粒工整利落,能达到保密的效果。

【做一做】

请到办公设备公司进行一次社会调查,了解目前各行业中使用最多的装订机和碎纸机是哪一类?

二、了解碎纸机外观结构

进纸口　机罩　电源开关　电源指示灯　机箱　方向轮

三、操作碎纸机

(1)插上电源线,打开电源开关,绿色指示灯亮起,此时可碎纸。
(2)将纸插入碎纸机的进纸口。
(3)进纸口的感应器可控制机器自动吃纸、停止及卡纸自动倒退,无须按任何按键。

【做一做】

将身边多余的废纸送到碎纸机中碎掉。

四、碎纸机使用注意事项

(1)标准进纸量每次 5~6 张纸(70 g),最大进纸量 9~10 张。
(2)平时碎纸量应低于标准进纸量,既可减少卡纸,也可延长机器寿命,加速操作时间。
(3)碎纸机连续使用不能超过 1 h。
(4)禁碎湿纸、复写纸、布类及塑料袋等杂物。
(5)碎纸过量,纸自动退出后,请拉出过量的纸并清除干净入纸口附近的纸屑,否则机器将无法工作。
(6)当碎纸屑满时,机器会发出报警响声,请抽出容纸箱,清洁纸屑。

（7）卡纸自动退回后，因纸太小无法拔出时，请用手动退纸功能，即可再行使用。

（8）勿拆开机头，以防内部锐利刀具伤人。

（9）禁止碎订书针、大头针、曲别针等金属物品。

任务三　认识和使用刻录机

一、认识刻录机

刻录机就是具有写/读功能的光驱，即能对 CD-R 和 CD-RW 光盘进行擦/写操作的光盘驱动器。刻录机分 CD 刻录机和 DVD 刻录机两种。DVD 刻录机是 CD 刻录机的升级换代产品，如下图所示。

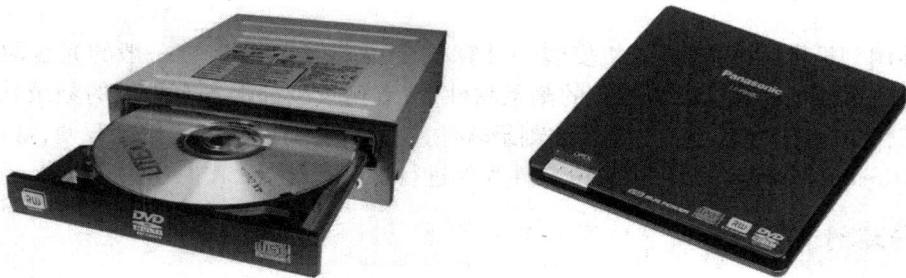

DVD 刻录机

衡量刻录机的重要指标有以下几项：

● 刻录速度：刻录机有 3 个速度指标：刻录速度、复写速度和读取速度。如某刻录机标称速度为 32×12×40，说明此刻录机刻录 CD-R 盘片的最高速度为 32 倍速，复写和擦写 CD-RW 盘片的最高速度为 12 倍速，读取普通 CD-ROM 盘片（包括 CD-R 和 CD-RW）的最高速度为 40 倍速。通常提到的 4424，8432 等数字表示的意义，第一个或前两个数字通常代表刻录机写 CD-R 的速度，之后的数字通常代表写 CD-RW 的速度，最后的数字则代表读 CD-ROM 时的速度。1 倍速的刻录速度为 150 kB/s。

4432 或 4424 型刻录机刻录 CD-R 的速度为 4 倍速即 600 kB/s，那么，刻满一张 650 MB 的盘大约需要 20 min$\left(\dfrac{650 \text{ MB}}{600 \text{ kB/s}} = 1\ 100 \text{ s} \approx 19 \text{ min} \right)$。

【做一做】

计算 16 倍速、24 倍速刻录机的刻写速度。

●缓存大小:选光驱时一般不会注意缓存大小,但在选择刻录机时缓存就成为一个十分重要的指标。因为所有写入 CD-R 或 CD-RW 的资料都要经过缓存,当缓存中的数据不能满足写入需求时,刻盘也就失败了。

例如,在使用 Adaptec Easy CD Creator 刻盘时会有一项显示当前缓冲区内数据所占的百分比,当它为零时也就意味着这张盘刻录失败了,所以大容量缓存对刻录机十分重要。

二、选购刻录机

刻录机的选择除考虑一般光驱选择的因素外,还应注意以下几个方面:

(1)售后服务。刻录机比普通光驱要贵一些,也容易磨损,所以它一旦出现问题会去换或维修。从这方面考虑,应选择有良好信誉和售后服务的产品。

(2)购买策略。首选 DVD 刻录机,因为这类刻录机能刻录的盘片向下兼容。

三、使用刻录机

在使用刻录机前,应将刻录机安装到计算机上,安装方法和安装一般的光盘驱动器相同。刻录机在使用前必须安装相应的刻录软件,所有刻录机都配置有相应的刻录软件。但在日常工作中,我们会使用一些通用的刻录软件,这些软件功能强大且使用方便,常见的有:Easy CD Creator 和 Nero,下面以 Nero 软件为例进行讲解。

1.安装刻录机软件

Nero 是一款非常出色的刻录软件,它支持数据光盘、音频光盘、视频光盘、启动光盘、硬盘备份以及混合模式光盘刻录,操作简便并提供多种可以定义的刻录选项,同时拥有经典的 Nero Burning ROM 界面和易用界面 Nero Express,如下图所示。

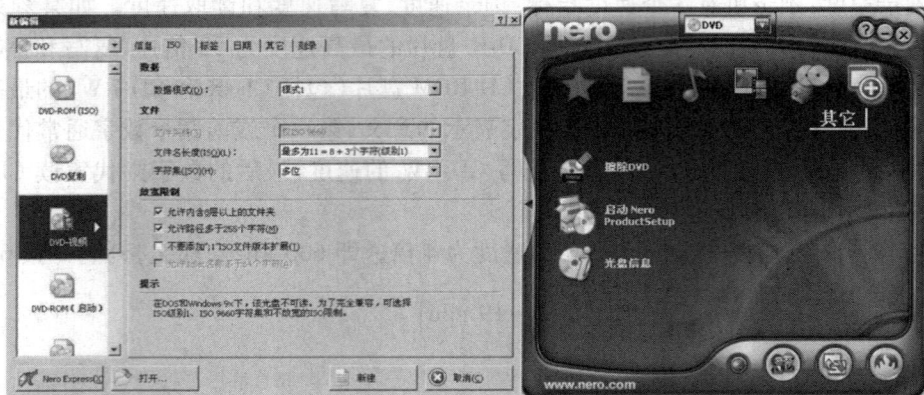

Nero 软件的安装非常简单,根据提示进行安装,简要步骤如下:

（1）双击程序图标后开始自动解压。

（2）选择"是，我接受"按钮后继续安装。

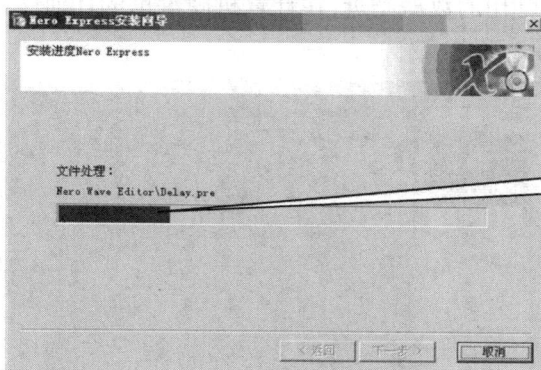

（3）安装向导自行完成软件安装。

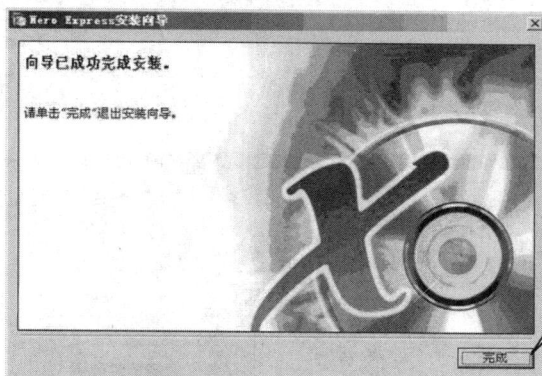

（4）单击"完成"按钮结束安装任务。

【做一做】

请上机安装一套 Nero 软件，以待后面使用。

2.刻录光盘

在进行光盘刻录时，首先应确定准备刻录的光盘类型，根据光盘类型选择不同的刻录选项，如下图所示。

175

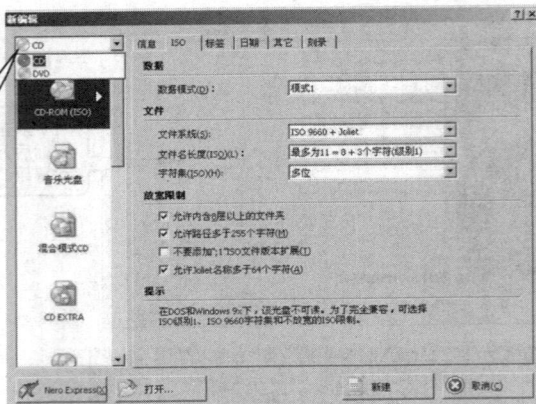

单击此处选择刻录光盘的类型

(1) 刻录 CD 光盘

• 刻录 CD-ROM(ISO)

这种光盘类型是最常用的数据光盘,在计算机硬盘里的任何文件都可以刻进光盘里进行操作,步骤如下图所示。

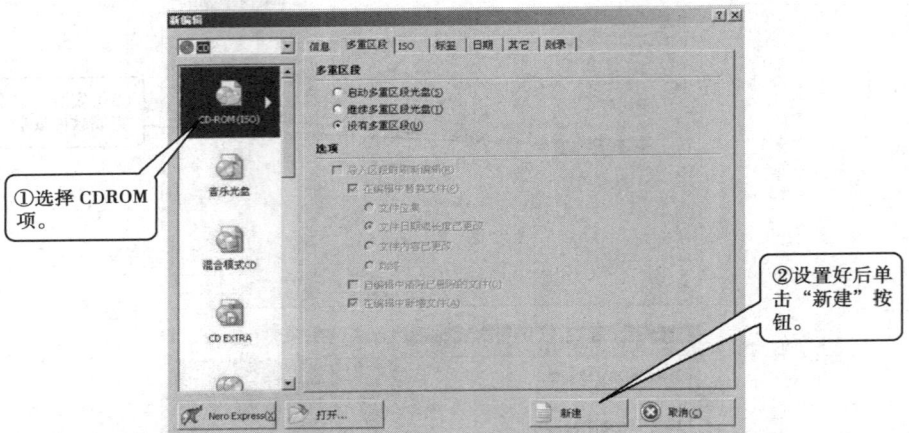

①选择 CDROM 项。

②设置好后单击"新建"按钮。

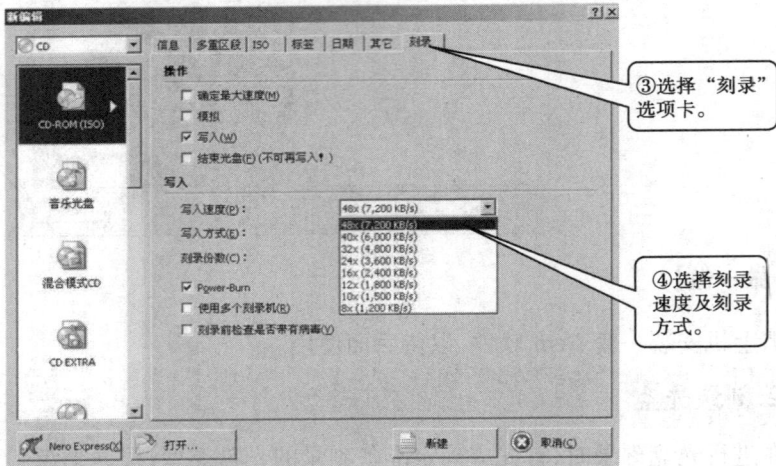

③选择"刻录"选项卡。

④选择刻录速度及刻录方式。

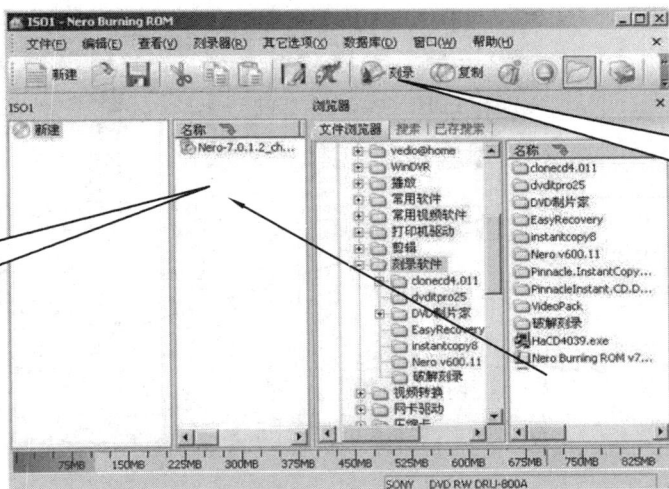

⑥单击此处开始记录。

⑤将需要记录的文件（如箭头所示部分）拖移到此框。

【做一做】

请将"我的文档"内有用文件（如：Word 文件）刻成 CD 盘备份。

●刻录音乐光盘

此种光盘类型就是常说的 CD 光盘，操作步骤如下图所示。

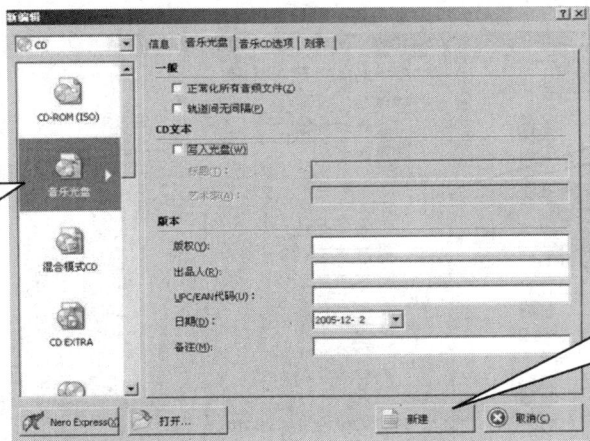

①选择"音乐光盘"项。

②单击"新建"按钮

注意：Nero支持的音频文件有WAV、MP3、MPA等，如果不是标准的MP3格式或是其他音频格式，Nero的自动侦测文件功能会提示文件类型出错。

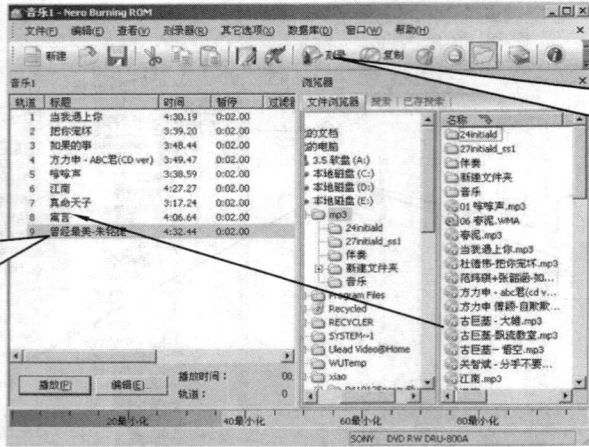

③将要记录的音乐文件（如箭头所示部分）拖到音乐区域后会自动排序。

④单击此处开始刻录。

【做一做】

请在网上下载一些自己喜爱的音乐,并将其刻成一张音乐 CD。

• 刻录混合光盘

此光盘是在音乐光盘中可添加一些数据进行刻录,此处不再细述。

• 复制光盘

操作步骤如下图所示。

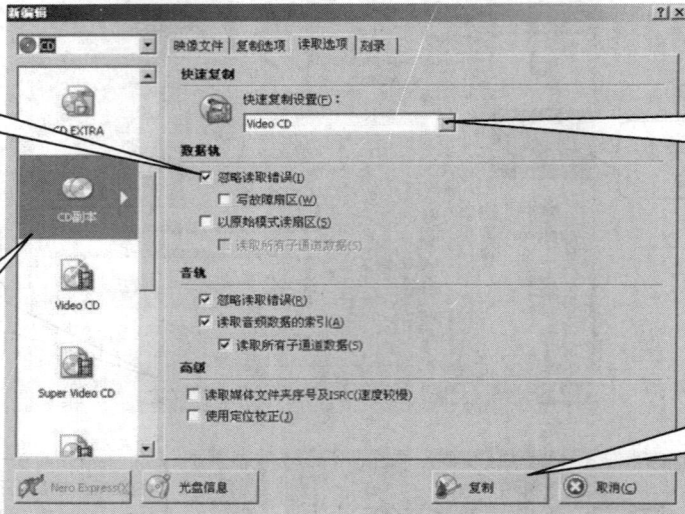

③勾选此项。

②选择复制CD的类型。

①选择"CD副本"项。

④单击"复制"按钮开始复制。

• 刻录 VCD 光盘

操作步骤如下图所示。

①选择"Video CD"项。

②根据要求设置制式，我国VCD为PAL制。

③设置完后单击"新建"按钮。

④勾选此项出现预览窗口进行预览。

⑤将符合标准的VCD（MPEG1）文件拖到VCD2区域。

⑥单击此处进行刻录。

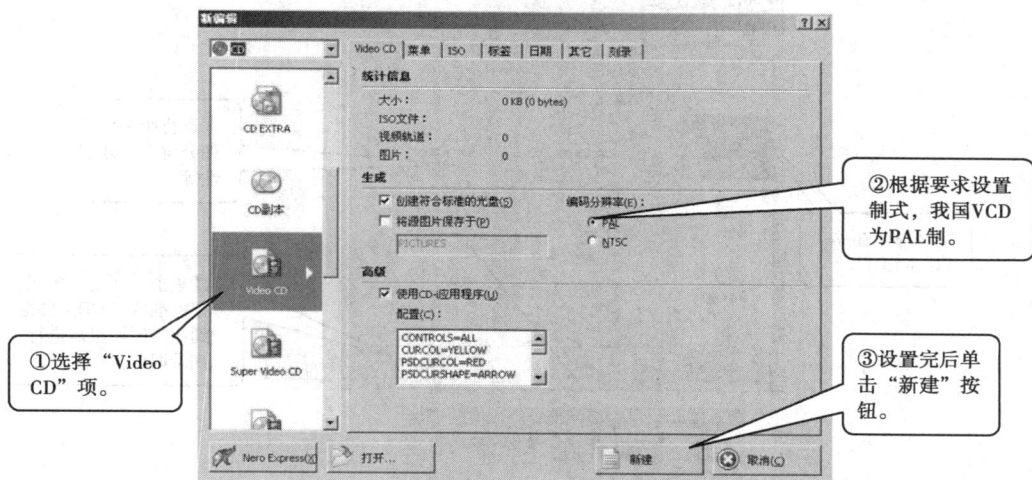

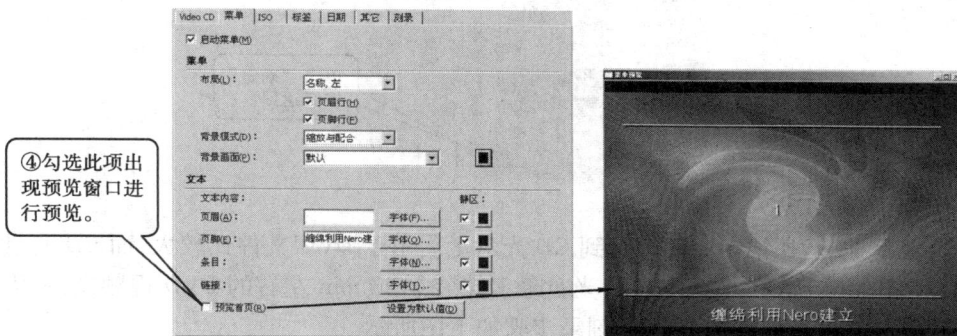

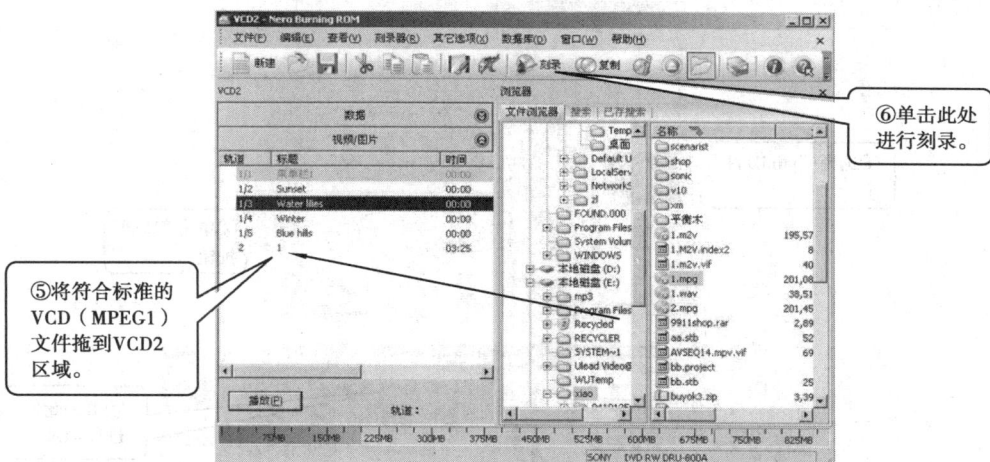

• 刻录超级 VCD 光盘

超级 VCD 的视频质量要优于 VCD，分辨率为 480×576，操作步骤如下图所示。

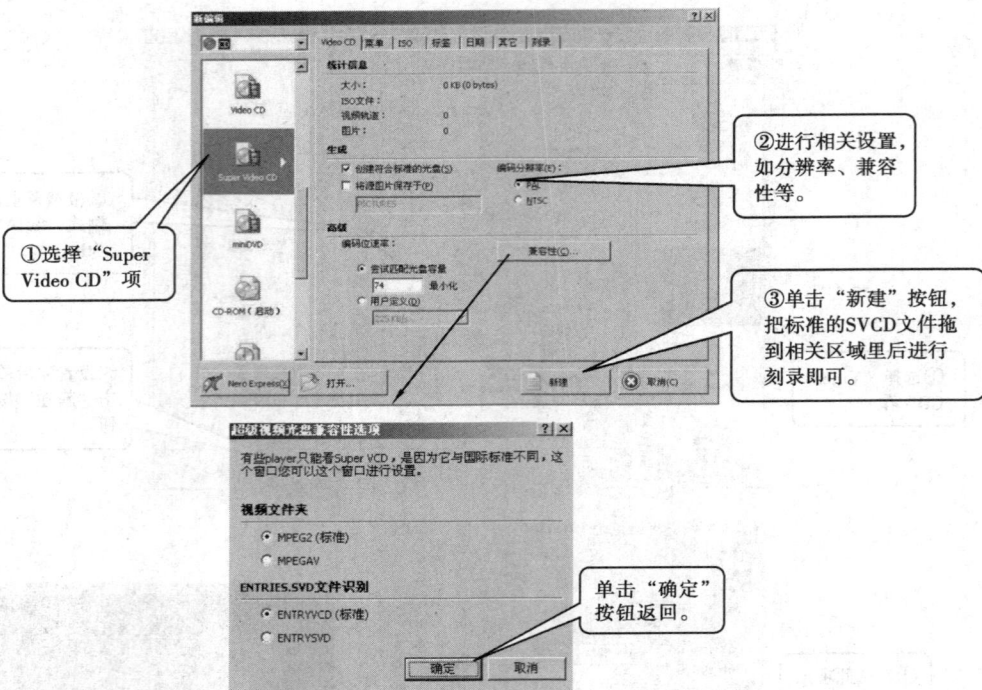

①选择"Super Video CD"项

②进行相关设置，如分辨率、兼容性等。

③单击"新建"按钮，把标准的SVCD文件拖到相关区域里后进行刻录即可。

单击"确定"按钮返回。

● 刻录 miniDVD

这就是把 DVD 视频文件刻录到 CD 光盘上。由于 DVD 文件比较大，而 CD 光盘的容量却只有 700 MB，所以一般一张 CD 光盘最多能装下 20 min 左右的 DVD 视频文件，因此称为 miniDVD 也就是迷你型的 DVD。刻录步骤如下图所示。

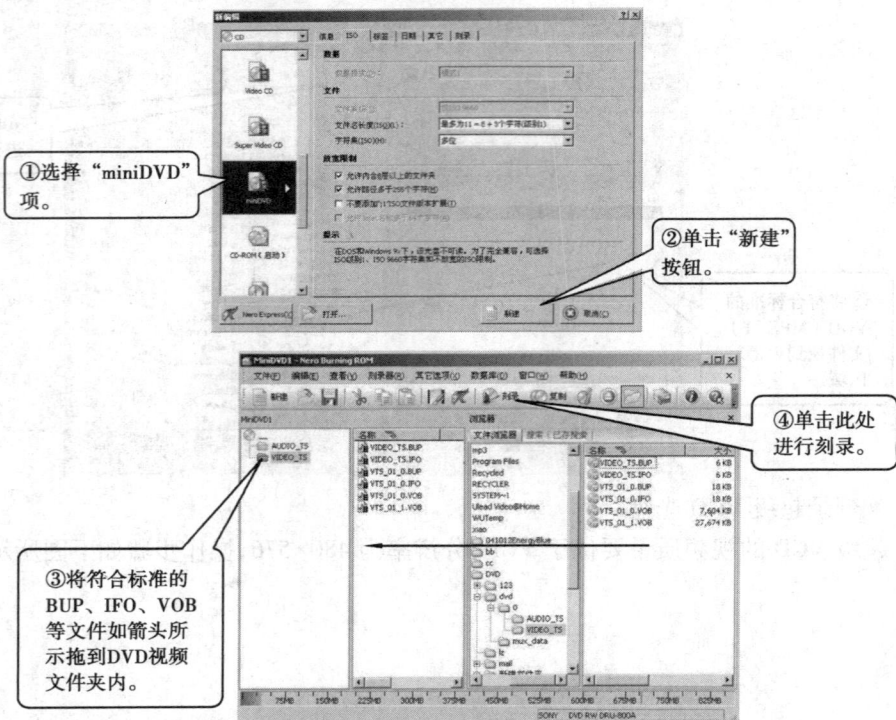

①选择"miniDVD"项。

②单击"新建"按钮。

④单击此处进行刻录。

③将符合标准的 BUP、IFO、VOB 等文件如箭头所示拖到DVD视频文件夹内。

（2）刻录 DVD 光盘

DVD 类型光盘常用的格式有：DVD-ROM（ISO）、DVD 复制、DVD-视频。其刻录方法与 CD 相同，在这里就不一一赘述。

（3）刻录映像文件

打开 Nero 主界面，单击主菜单里刻录器中的刻录映像文件，操作步骤如下图所示。

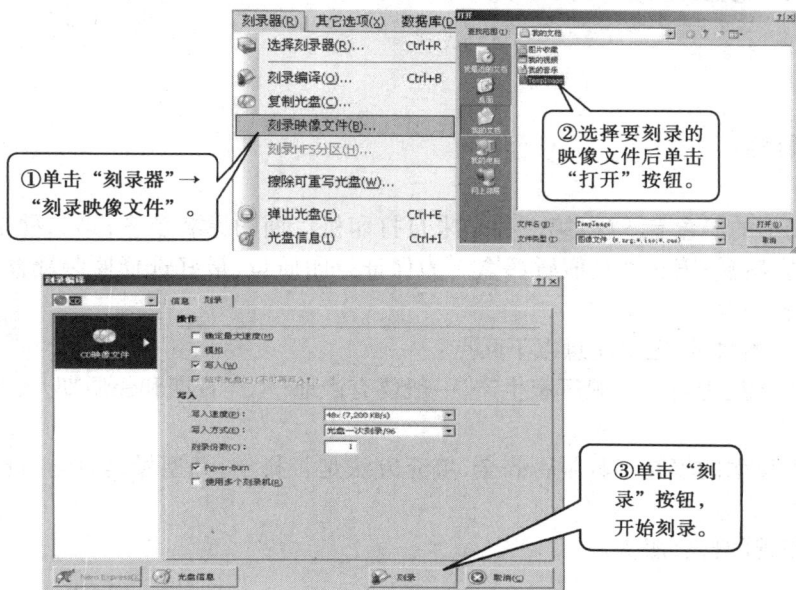

【做一做】

请在网上下载一部电影，将其刻成 VCD、DVD 两种格式的光盘。

3.刻录机使用注意事项

为了使刻录机能更好、更长时间的使用，在使用刻录机时应注意以下几点：

（1）尽量避免进行读取操作。刻录机的读取功能是非常薄弱的，它的内部结构决定了它不适宜进行读取操作，所以尽量避免进行读取操作。

（2）合理运用不同的刻录速度。虽然 CD 刻录机一般都具备自动纠错功能，在高速刻录时会自动检测和纠正写入错误，但这种功能并非十分保险的，特别是对于质量不太好的刻录盘，往往会导致刻录失败，或者刻录出来的光盘无法稳定、正常地使用。所以，如果刻录机和刻录盘的质量都不是特别好的话，建议采用较低的速度来刻录。

（3）刻录间隔时间一定不能太短。因为刻录时刻录机会产生热量，如果刻录机内的热量无法及时地排散出去，会对里面的元件造成损害，所以两次刻录的间隔时间不能太短。

（4）尽量避免超容量刻录。因为刻录机在刻录时是先写入光盘最里圈的 0 磁道，然后是 1 磁道，2 磁道……一圈圈地往外刻录，到最后刻录到光盘的边缘地带。如果要进行超容量刻录，必须在光盘的边缘地带进行数据写入，这样会导致写入的数据不稳定。如果发生写入错误时，刻录机一直会尝试进行纠错工作，从而加重了它的工作负担，甚至会因为长时间的进行纠错工作而使光头报废。

（5）保持刻录机的内部清洁。

任务四　选购常用办公耗材

一、选购墨盒

当前,市场上的墨盒有3种:第一种是来自打印机厂商的原装墨盒;第二种是由正规耗材厂生产的兼容墨盒;第三种是假冒墨盒。为保证打印质量,最好选择原装墨盒,其次选择正规厂商的兼容墨盒。

在购买填充墨水时,还要注意以下几点:

（1）看其墨水是否属于正规厂家生产,一般要有产地、生产日期和保质期,还要有规范商标和厂家名称。

（2）仔细看墨水的填充工具是否齐全,填充方法是否科学,其型号是否与自己的打印机配套。

（3）应有完善的售后服务。

【做一做】

到办公耗材市场进行走访,看一看原装墨盒与兼容墨盒有哪些不同?

二、选购色带

色带是针式打印机的重要耗材,在选购色带时,应从以下几个方面进行考察。

（1）油墨确定色带的质量,但色带的油墨多不一定是条好色带,质优的色带用手摸时,手指上是不会留下明显的痕迹。在选购打印机色带时,要仔细观察色带的油墨是否颗粒粗大,有无异味,色带相互接触有无发粘现象,以及是否轻触都会使你"满手沾油"。好的油墨颗粒很小,不会造成针孔堵塞,流动性很好,pH值(酸碱度)适中,涂墨时吸附性强,保湿性好,耐用且打印时颜色过渡慢。

（2）带基也是色带是否优质的一个因素。尼龙丝织成的带基决定着色带的使用寿命和油墨的吸附渗透能力。目前,在市场上销售的打印色带的带基分为尼龙6和尼龙66,二者的区别是尼龙的化学成分不同。尼龙66要比尼龙6弹性好、耐用,市场上知名的品牌色带一般都采用尼龙66作为带基。而尼龙66又分为低密、中密、高密和高密加捻4种,密度越高,经、纬织数越多,弹性就越好。分辨带基,可以从摸、拉、弹、滑4个步骤着眼:

- 摸:用手摸带基表面,柔软细腻,有滑爽感者为佳;
- 拉:拉时弹性好,复原性好,不好的带基在拉伸时会有抽丝现象;

●弹:拉伸带基后,用中指用力弹拉伸部位,手指感觉到的是一股柔和的弹力,而不能有硬的感觉;

●滑:用手背来回贴着带基的侧面滑动,感觉是否有不平整或者刺肤的毛边。

色带的接头部分也是选择色带时需要考虑的元素之一。好的色带的接口平滑细窄,误差比较小,硬化程度很轻,打印时不挂针;接口强度较大,抗拉力也强,焊接的角度应该大于30°,接缝处平滑,能够保持带基的原纤维特性并正常均匀地吸收油墨。

还有就是商家提供的售后服务。一般来说,售后服务好的厂家,产品质量也有保证。

【做一做】

在网上查看一下,有哪些色带品牌,其中哪一类色带测评结果最佳?

三、选购硒鼓

1.认识硒鼓

感光鼓俗称硒鼓,其用途非常广泛,激光打印机、复印机和传真机中都需要使用硒鼓。根据感光材料的不同,硒鼓分为 OPC 鼓、硒鼓(Se 硒)和陶瓷鼓(a-si 陶瓷)3 种。OPC 鼓的成本最低,一般寿命只有 3 000 页左右;硒鼓寿命是 9 000 页左右;陶瓷鼓寿命可以达到90 000页,但价格较高。

感光鼓芯

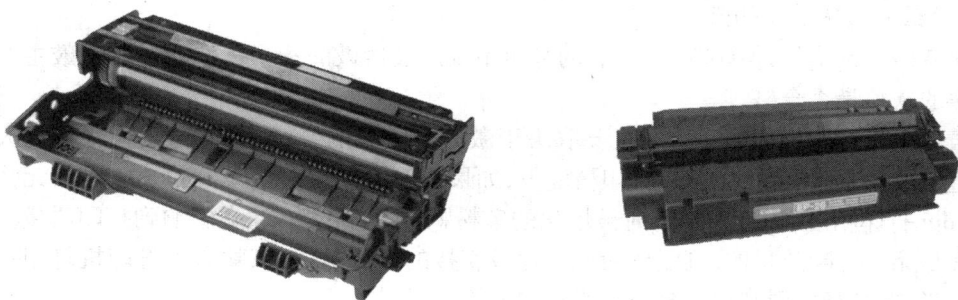

整体式硒鼓

从结构而言,硒鼓有整体式(或称一体式)和分离式两种。一体式硒鼓是把碳粉暗盒及感光鼓等装在同一装置上,当碳粉被用尽或感光鼓被损坏时整个硒鼓就得报废。用这类硒鼓的机型主要有惠普、佳能、三星及联想产品。分离式硒鼓将碳粉和感光鼓等分别置在不同的装置上,其感光鼓的寿命一般都很长,一般能达到2万张的寿命,当碳粉用尽,只需换上新的碳粉即可。用这种硒鼓的厂商主要有爱普生、松下等。

激光打印机硒鼓按组合方式可分为3类:一体化硒鼓、二体化硒鼓、三体化硒鼓。

2.选购硒鼓

硒鼓对于激光打印机、复印机、传真机来说都是一个至关重要的部件,它不仅关系到产品的打印质量,还影响到整体的使用成本。因此,选购时要多加注意。

(1)首选原装硒鼓

原装硒鼓不但与机器配合紧密,而且制作工艺好,打印效果和寿命都可以得到保证。

原装硒鼓价格高,但单页打印成本并不是很高,整体耗费成本也是相对较低的。使用兼容硒鼓或灌装硒鼓,因兼容、做工等原因,最明显的弊端就是机器故障率高。

买原装硒鼓辨别真伪最重要,市场中的假冒硒鼓有两种类型,一种是不法商家或作坊加工生产的硒鼓,打上标识,冒充原厂硒鼓;还有一种是旧硒鼓,灌注墨粉冒充原装新鼓销售。识别假冒硒鼓的办法是:

①粗看包装。原装硒鼓外包装印刷质量精美,颜色鲜艳。假冒产品的印刷质量粗糙,图像模糊,颜色灰暗,而且包装上有极力模仿的痕迹,有的还内外不符。

②细看连接。利用旧原装鼓自行灌粉冒充新鼓销售必对连接部位有动作,所以应仔细观察有无"冲"过的迹象或螺丝的法蓝层被破坏。

③扫描表面。自行灌粉后的硒鼓鼓芯表面粗糙,有明显的划痕,划痕的多少与硒鼓的使用频率成正比。原装新鼓是不可能有任何划痕的。

④现场测试。全新原装硒鼓打印出来的图像、文本不仅细腻、清晰,而且鼓粉附着力特别好,打印在纸上仔细看有突出纸面的感觉。而假冒硒鼓或自行填充墨粉的硒鼓因填充鼓粉的品质不好,与原装鼓相比效果迥异。

(2)次选通用硒鼓

通用硒鼓,打印质量基本能够达到激光打印机的输出要求。其价格略低于原装硒鼓,但打印张数要低于原装的硒鼓。

(3)最后考虑灌装硒鼓

灌装硒鼓价格低,但印张数少,有的甚至不及原装硒鼓的一半。选购灌装硒鼓主要是验证所灌的碳粉是否合格。

虽然激光打印机的印字质量主要取决于激光打印机的分辨率,但与碳粉颗粒的大小也是有直接的关系。在1 200 dpi打印精度下,如果碳粉的颗粒大于1/1 200 in,不仅无法达到1 200 dpi打印精度,而且在定影时被熔化的碳粉颗粒重叠不均匀,会影响到打印质量。从硒鼓外表是无法判断质量的,判断碳粉质量比较直接的方法是:用该款激光打印机打印一张全黑的样张,在光亮处看其黑色分布是否均匀。

友情提示

◆ 很多硒鼓不仅不同产品类型之间不能通用,即使是同一种产品类型,不同型号的硒鼓也有可能不能通用。适用机型,是指某种硒鼓适用于哪款具体的机型。当然,有的时候,几款机型可能是使用同一种型号硒鼓,这种情况一般在硒鼓的使用说明上都会标注。

◆ 此外,许多硒鼓在原装的墨粉用完之后,用户还可自行添加后再次使用,因此市场上也有单独的墨粉进行出售的。通过自行添加墨粉,将大大降低用户耗材的使用成本。

四、选购复印、打印纸

1.认识复印、打印纸张

(1)按生产工艺不同,可以把复印纸分为酸性纸和中性纸。中性纸与酸性纸的主要区别在于:

●纤维配比不同。中性纸为100%木浆,酸性纸为木浆和草浆的混合浆。全木浆不易产生粉尘,对机器及操作者有良好的保护作用。草浆纤维纸则相反。纸中草浆纤维含量越高,越易产生粉尘。

●施胶工艺不同。中性纸无腐蚀,纸不易褪色可长期保存。而酸性纸有一定的腐蚀性,纸容易变色,不易长期保存,高温时易产生酸性气体,对人体有害。

●填料不同。中性纸所用填料无腐蚀、颗粒小、质地软、摩擦系数小,而酸性纸所用的填料是颗粒大并较坚硬的滑石粉。

中性纸虽然贵一点,但不会带静电,对人体健康也无害,是复印、打印纸的主流和首选。

纸的厚薄通常用质量来区别,一般分为70 g、80 g和100 g等,70 g是指在单位面积纸的质量是70 g。单位面积纸的质量越重,纸的厚度就越厚。

(2)按颜色不同,复印、打印纸可分为漂白和本白两种颜色,漂白纸有很好的打印效果。另外,有的厂家也生产彩色复印纸。

(3)按大小不同,复印、打印纸可分为:A型、B型、K型。K型纸就是常说的开型纸,只在国内才有K型纸。现在一般用A型纸,即常说的A4、A3、A2等规格。B型就是常说的B3、B4、B5等规格。

【做一做】

教师向学生展示A3、A4、B3、B4、B5纸,让学生归纳A3、A4、B3、B4、B5之间的关系。

纸张幅面规格尺寸如下：

规格	幅宽/mm	长度/mm	规格	幅宽/mm	长度/mm
A0	841	1 189	B0	1 000	1 414
A1	594	841	B1	707	1 000
A2	420	594	B2	500	707
A3	297	420	B3	353	500
A4	210	297	B4	250	353
A5	148	210	B5	176	250
A6	105	148	B6	125	176
A7	74	105	B7	88	125
A8	52	74	B8	62	88

【做一做】

(1)将老师发下来的各种规格的纸进行比较,写出这些纸分别是什么规格型号? 酸性纸还是中性纸?

(2)打印常用公文,选用的打印纸规格通常是:_____。

2.选购纸张

在选购复印纸时,往往着眼于纸张的外观特点和一般使用特性,如纸张的白度、厚度,纸面的均匀度,裁剪的整齐度等,而忽视了纸张的内在性能对复印机的影响,对人体的危害,以及对复印、打印效果的影响。

复印纸选购的原则:

(1)纸的白度。很多人认为,纸越白越好。其实不然,纸的白色是在工艺中采用化学方法处理的,将不可见光的波长反射出来以提高感官对白度的视觉效果。过度的白色会损害视神经及脑神经,因此提倡使用健康无害的柔和色。当然,纸面颜色应为白色,不要灰暗色。

(2)纸的光滑度。光滑的复印纸并不是复印机、传真机、打印机的最好用纸,因为复印机的进纸工作由搓纸轮来进行,微涩的复印纸在送纸时便于连续松纸,减少卡纸率。

(3)复印纸的硬度。若硬度差,在输纸通道内稍遇到一点阻力时,纸就容易产生起皱以致阻塞,所以应选用坚挺度好的复印纸。但不能片面地追求硬度,因为纸的硬度由诸多因素形成的,其中填料是最重要的方面,有的纸张填了一些对人体有害的物质,也会很硬。

（4）纸张原料及性质。全木浆价格稍高，但复印效果及质地好，纸毛少，有益于复印设备的工作。在生产中，以采取的工艺不同分显酸性纸和中性纸。中性纸价格稍高，但不易起静电，复印中不易卡纸，对人体健康也无害。

（5）纸的厚度。从经济和适用角度来看，一般办公用纸选用 70 g 的中性复印纸，速印机用 40 g 左右的纸，一体机用 50~60 g 的纸，复印机用 70~85 g 的纸，打印机用不低于 60 g 的纸，否则就容易卡纸。

（6）纸的干燥程度。复印纸如果干燥度低，含水量大，就会降低了纸的绝缘性能，使复印品的图像浅淡，底灰大，而且还容易产生卡纸现象。因此，要选用干燥度高的复印纸。另外，纸的保管要注意防潮，要存放在干燥和通风的地方。

友情提示

质量低劣复印纸的危害：
◆ 卡纸。传送系统卡纸（滑石粉及纸毛包裹搓纸轮）。
◆ 磨损鼓。粉尘吸附在鼓面，摩擦增大，造成磨损严重，鼓寿命降低。
◆ 复印件变黑，字迹模糊。
◆ 出纸部位卡纸，印件褶皱不平。
◆ 复印机内部变脏，灰尘增大。

自我测试

一、笔答题

1.购买一本 A4 或 B5 打印纸，一本是_____页。

2.到当地较大型的纸张商店，了解各品牌一本 A4 纸的批发或零售价格，然后初算出复印一页 A4 纸的纸张成本。

3.对经营成本的估算训练：

一台中等档次复印机价格_____元，平均寿命_____年，折旧到每天_____元；碳粉每瓶_____元，_____克，平均复印 A4 纸_____张。按每天平均复印 400 张 A4 纸计算，每天的机器折旧费、砂材碳粉费、纸张费共计约需_____元，粗略计算员工工资（800 元/月），每日电费、门面租金（2 000 元/月），请你估算出每复印一张 A4 的最低收费标准。

二、操作实践题

1.试着使用你所学的装订机进行文档装订。
2.到附近的图文中心调查一下现在流行的装订模式，并完成下面的内容。

（1）除上面讲的装订方式外还有哪些装订方式？

（2）写出其装订过程。

3.试着使用碎纸机碎不同量的纸张，观察出现的情况，将这些情况写出来。

（1）碎纸 1~5 张　　　（2）碎纸 5~10 张　　　　（3）碎纸 10 张以上

4.请使用刻录机分别刻录一张 VCD、数据光盘、音乐光盘、自启动光盘、混合光盘、miniDVD。

5.检验所刻光盘是否正常使用，写出检验报告。